Jeannie Asbach

Mittelfranken
mit Kindern erleben

Heinrichs-Verlag Bamberg

Inhalt

Klettergärten 190

Museen 202

Burgen und Burgruinen 232

„Mama, was machen wir heute?“ ist immer noch einer unserer meistgehörten Sätze am Wochenende. Mit zwei Schulkindern und vielen Freizeitaktivitäten verschieben sich zwar die Prioritäten, aber meine Familie kennt mich auch und weiß, dass es mich viel hinauszieht.

Frische Luft und Bewegung sind als Ausgleich zur Schule oder Arbeit enorm wichtig und begleiten uns schon seit vielen Jahren. Vor allem im ersten Jahr der Corona-Pandemie stieg bei uns die Sehnsucht, aus den eigenen vier Wänden herauszukommen. Ich war begeistert über die zahlreichen Ausflugsziele rund um Nürnberg, die viel mehr als nur Spielplätze oder Wanderungen waren.

So ist auch die Idee entstanden, die Berichte über unsere Ausflüge nicht nur online auf meinem Reiseblog www.bezaubernde4.de zu veröffentlichen, sondern auch in einer gedruckten Version zum handlichen Durchblättern und Stöbern in der Hand zu halten.

Ich bin sehr stolz, dass ihr als Leser inzwischen die 2. Auflage dieses Buches in den Händen haltet und wünsche euch und eurer Familie viel Freude bei der Ideensammlung und vor allem den Ausflügen! Hoffentlich habt ihr genauso viel Spaß wie wir.

Aufbau des Buchs

Mir ist es wichtig, den Fokus nicht nur auf Wanderwege zu legen, sondern auch die aufregenden Spielplätze in der Region sowie Möglichkeiten zum Klettern oder Tiere beobachten aufzuzeigen. Im Abschnitt „Spielplätze" sind z. B. auch Wanderwege oder Ausflugsziele in kurzer Entfernung vermerkt, die sich für einen Halb- oder Ganztagesausflug anbieten.

Alle Touren sind mit unseren beiden Kindern (2015 und 2018 geboren) erprobt. Daher liegt der Fokus bei allen Empfehlungen eher auf kürzeren oder besonders spannenden Wegen mit dem gewissen Etwas. Es ist wichtig, sich auf das Tempo und die tagesaktuelle Laune der Kinder einzulassen – vor allem bei letzterem sind wir gut erprobt.

Allgemeine Hinweise

Wanderungen

Ob eine besondere Wanderausrüstung oder die Mitnahme von mehr Proviant als üblich notwendig ist, beschreibe ich in den jeweiligen Touren. Wenn verschiedene Kilometerangaben enthalten sind, gibt es die Möglichkeit, eine Wanderung abzukürzen.

Spielplätze

Beim „Erlebnisfaktor" habe ich Sterne nach unserem persönlichen Empfinden vergeben. Vor allem in Verbindung mit der Größe des Areals hilft die Bewertung dabei, die Dauer des Aufenthalts einzuschätzen. Der kleinste Spielplatz umfasst übrigens 300 Quadratmeter, der größte 1,2 Hektar.

Öffnungszeiten und Eintrittspreise

Bezüglich der Öffnungszeiten ist es ratsam, sich bei einem geplanten Besuch vorab auf der jeweiligen Homepage zu informieren.

GPS-Daten

Die Touren der Erlebniswanderwege könnt ihr direkt auf dem Smartphone oder einem GPS-Gerät mitnehmen. Über folgende Seite können die gpx-Tracks für eine private Verwendung geladen werden:
www.bezaubernde4.de/buch

Passwort: EP-25:px

Die Eintrittspreise entsprechen dem Stand von Januar 2025.

Wanderungen

1 Schwarzachklamm Schwarzenbruck

Wer sich nicht zur Stoßzeit aufmacht, wird mit atemberaubender Natur südöstlich von Nürnberg belohnt. In der Schwarzachschlucht führen rund drei Kilometer direkt am Fluss entlang an Felsen und Höhlen vorbei.

4,5-7 km | 60 m | 3 Stunden | mittel

90537 Schwarzenbruck, Am Brückkanal

Ideales Wetter: nicht direkt nach Regen, da der Boden sehr rutschig werden kann
Sonne/Schatten: überwiegend schattig
Wegbeschaffenheit: Wald-, etwas Kies- und wenig asphaltierte Wege
Jahreszeit/Klima: im Sommer bietet die Klamm eine angenehme Abkühlung, was aber auch viele Besucher lockt
Alter: ab ca. 3 Jahren
Kinderwagen/Laufrad: nicht geeignet durch Stufen und unebene Wege
Spielen und Toben: Kraxeln, Balancieren und Verstecken in der Natur
Besonderheit: ein Abstecher zum Ludwig-Donau-Main-Kanal, der nicht nur bei Fahrradfahrern beliebt ist, lohnt sich
Einkehrmöglichkeiten: Biergarten Brückkanal in Feucht, direkt oberhalb der Schlucht gelegen. In Schwarzenbruck gibt es in den Sommermonaten einen Eisstand
Parken: Parkplatz am Biergarten Brückkanal, auf den ausgewiesenen Wanderparkplätzen oder öffentliche Parkplätze in Schwarzenbruck
Anfahrt: über A73, A9 oder B8, direkt am Autobahnkreuz

Hintergrundwissen

Südöstlich von Nürnberg liegt die Schwarzachschlucht, die mit dem Gütesiegel „Bayerns schönste Geotope" ausgezeichnet wurde und vor allem am Wochenende ein sehr gut besuchtes Ausflugsziel ist. Dort, wo im Erdmittelalter noch Burgsandstein vorherrschte, hat im Laufe vieler Jahre der Fluss Schwarzach eine schmale Schlucht in den Fels gegraben.

Streckenverlauf

In der Klamm kann man entweder östlich in Schwarzenbruck oder westlich vom Biergarten aus starten. Letzteres ist hier mit zwei Alternativen für den Rückweg beschrieben. Vom Wanderparkplatz am Brückkanal folgt man der Beschilderung um den Biergarten herum und läuft kurz durch den Wald, bevor einige Stufen hinab zur Schlucht führen.

Der Weg schlängelt sich nun immer am Fluss entlang über viele Wald- und wenige Kieswege. Während Eltern die Sandsteinformationen und die verschiedenen Grün- und Brauntöne der Natur auf sich wirken lassen, toben die älteren Kinder über Wurzeln, an Baumstämmen oder spielen in Wassernähe. Bei kleineren Kindern ist Vorsicht geboten: Nicht nur die Wege können bei Nässe rutschig sein und manch Abhang ist steiler als gedacht.

Auf Infotafeln kann man mehr über die Natur, Entstehung der Schlucht und die Bedeutung des Ludwig-Donau-Main-Kanals lernen. Wer nach gut 2 Kilometern das Flusskraftwerk Gsteinach erreicht hat, folgt den Stufen nach oben, einige Meter am Felsenweg entlang und dann wieder Stufen nach unten zur Gustav-Adolf-

Höhle. Von dort kann man noch ein Stückchen weiter laufen und z. B. über die Brücke auf der anderen Seite zurücklaufen. Für eine kleine Stärkung haltet im Sommer Ausschau nach einem Eisstand direkt am Felsenweg in Gsteinach.

> **Highlight**
> Die Schwarzachschlucht vereint Naturwunder und Farbspiele und kann als eines von „Bayerns schönsten Geotopen" ganz in der Nähe von Nürnberg punkten.

Eine Alternative für Familien mit kleinen Kindern ist ein Rückweg über einen Spielplatz durch den Wald. Hierfür hält man sich nach den Stufen beim Flusskraftwerk nördlich in die Gufidauner Straße, wo an einer Rechtskurve links hinter einer Kindertagesstätte der Waldspielplatz Gsteinach (siehe dazu auch **Spielplätze Nr. 3** auf S. 90) liegt. Dieser hat viele Elemente und Picknicktische. Für den Rückweg zum Brückkanal läuft man südwestlich an Flur- und später auch Waldwegen entlang. An einer Abzweigung nach ca. 1 Kilometer hält man sich links und kommt nach ca. 1 Kilometer direkt am Biergarten Brückkanal raus.

Wenn man am Biergarten eine Pause einlegt oder dort die Tour beendet, kann man außerdem noch einen Abstecher zum „Alten Kanal" machen, der zahlreiche Radfahrer und Wanderer einlädt.

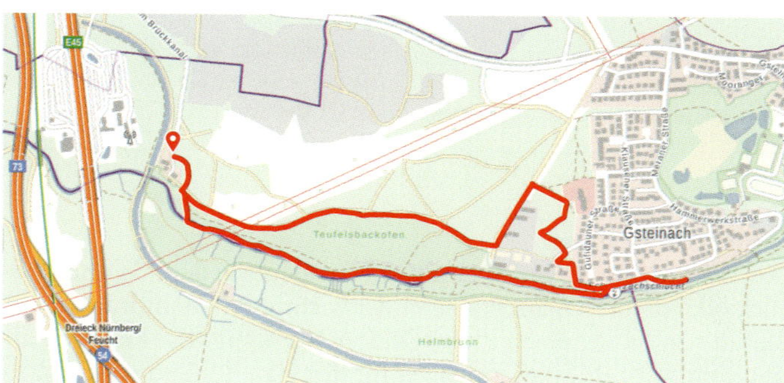

2 Wernloch und Walderlebnispfad Wendelstein

Der rund vier Kilometer lange Rundweg südlich von Nürnberg ist gut mit dem Kinderwagen begehbar, lässt sich verkürzen oder auch mit einem Abstecher zum Wernloch verbinden.

4,5-6 km	100 m	2-3 Stunden	mittel

90530 Wendelstein, Nürnberger Straße

Ideales Wetter: für einen Besuch im Wernloch lieber trockenes Wetter (auch an den vorangegangenen Tagen) wählen
Sonne/Schatten: im Wald überwiegend schattig, am Rückweg am Kanal auch teils sonnig
Wegbeschaffenheit: breite Wald- und Kieswege am Pfad und Kanal; rund um das Wernloch schmaler und wurzeliger
Jahreszeit/Klima: der Walderlebnispfad ist ganzjährig begehbar und z. B. durch den Schnee auch im Winter (mit Rodel) schön
Alter: ab ca. 2 Jahren
Kinderwagen/Laufrad: ja, bis auf die Wege direkt um das Wernloch, die enger, unebener und evtl. matschiger sein können
Spielen und Toben: einige Stationen bieten Platz zum Spielen, überwiegend aber die Natur selbst
Besonderheit: die Mischung aus Wald, Wernloch und Kanal punktet hier neben dem Walderlebnispfad selbst
Einkehrmöglichkeiten: Wendelstein hat einige fränkische Gaststätten, zwei Cafés oder Eisdielen im (fußläufigen) Altort
Parken: Parkplätze direkt hinter der Brücke an der Bushaltestelle „Nürnberger Straße" oder in den Seitenstraßen
Anfahrt: über das Kreuz Nürnberg-Süd, Ausfahrt A73 Wendelstein

Hintergrundwissen

Das Wernloch war – neben anderen Arealen wie dem Schmausenbuck oder dem Tiergarten – einer der wichtigsten Steinbrüche zum Abbau von Sandsteinen in der Region Nürnberg. Ein heller Quarzit wurde z. B. als Straßenpflaster für den Bau des Ludwig-Donau-Main-Kanals genutzt. Über die Bedeutung der Nutz-, Schutz- und

Sonderfunktionen der Wälder sowie den regionalen Bezug kann man auf dem Walderlebnispfad lernen.

Streckenverlauf

Der Walderlebnispfad startet am Treidelsweg. Man folgt der Straße Richtung Wald und dann dem breiteren Flurweg. Auf einer Übersichtskarte zu Beginn kann man sich den Streckenverlauf nochmal ansehen, der Pfad ist aber auch mit einem Schild „Grüner Ring auf weißem Grund" markiert. Wer die Strecke gerne etwas spannender und länger haben möchte, biegt nach dem Karlsbrunnen und vor der Sandsteinschlange einen Weg rechts nördlich Richtung Wernloch. Die Wege sind zwar nicht ausgeschildert, man kann sich aber notfalls mit einer Online-Karte verhelfen und sich an den Weihern orientieren, die eingezeichnet sind. Anschließend kann man um einen Stein und an den Gewässern vorbei laufen und auch eine Pause einlegen: Direkt am Wernloch oben gibt es eine Sitzbank.

Um wieder auf den Walderlebnispfad zu gelangen, hält man sich südwestlich bzw. Richtung Autobahn A6 und Ludwigskanal.
Die Stationen 6 bis 10 können übrigens durch einen Weg nach links abgekürzt werden, kurz hinter der Station „Jahresringe“. Wer ihnen aber folgt, lernt mehr über den Waldumbau, seine Schutzfunktion sowie den längsten

Highlight
Der Walderlebnispfad führt auch ein Stück am Ludwig-Donau-Main-Kanal entlang, der zu jeder Jahreszeit faszinierend ist. Den Besuch am besten mit dem Wernloch, einem ehemaligen Steinbruch, verbinden.

Baum und kann beim Jägerstand herausfinden, zu welchem Tier Spuren und Abdrücke passen. Am kleinen Erlebnisplatz gibt es für die Kinder dann ein paar Klettermöglichkeiten und eine Tierweitsprung-Anlage. An einer Sitzgruppe kann man sich vor dem Rückweg, der sich am malerischen Ludwig-Donau-Main-Kanal schlängelt, noch einmal stärken.

Bei Einheimischen ist der „Alte Kanal“ sehr beliebt und lockt im Sommer viele Wanderer und Fahrradfahrer an.

Tipp: Wir sind den Walderlebnispfad (ohne Wernloch und mit der Abkürzung) auch im Winter gelaufen und konnten größtenteils problemlos einen Schlitten auf den Wegen ziehen.

393
Steinber
Oberer Herrenschacht
Fise
Untere Kanalstraße
Nürnberger Straße
Bernlohe
Wendelstein

3 Walderlebnispfad Valznerweiher Nürnberg

Im Südosten von Nürnberg kann man auf einer kurzen Strecke von ca. zweieinhalb Kilometer den tollen Walderlebnispfad Valznerweiher erleben. Der Weg ist selbsterklärend mit verschiedenen Stationen und sowohl für Kinderwagen als auch für das Lauf- und Fahrrad geeignet.

3 km	40 m	1-2 Stunden	sehr einfach

90480 Nürnberg, Valznerweiherstraße

Ideales Wetter: ganzjährig begehbarer Rundweg
Sonne/Schatten: durch den Wald gibt es viel Schatten
Wegbeschaffenheit: ein sehr breiter Hauptweg führt um den Erlebnispfad, zu Beginn auch mit einem parallel verlaufenden und frequentiertem Radweg
Jahreszeit/Klima: die „Baumartenwege" können nach Regen und im Winter matschig sein
Alter: ab ca. 2 Jahren. Babys können aber auch gut im Kinderwagen schlummern
Kinderwagen/Laufrad: ja, sehr gut geeignet
Spielen und Toben: die Kinder haben an vielen Stationen und auf kurzen Wegen die Möglichkeit zum Entdecken
Noch mehr Spaß: den Besuch mit einem Ausflug zum Dutzendteich oder auch dem Tiergarten verbinden
Besonderheit: stadtnah und doch mitten in der Natur; ein toller Weg auch für die ersten Familienausflüge mit Baby/Geschwister
Einkehrmöglichkeiten: am Valznerweiher gibt es ein Restaurant
Parken: Parkplätze findet man auf Höhe der Valznerweiherstraße 111 in Nürnberg
Anfahrt: im Südosten von Nürnberg gelegen und gut von der A3, A6 und A9 zu erreichen

Hintergrundwissen

Der Erlebnispfad liegt im Nürnberger Reichswald, der eine Gesamtfläche von rund 25.000 Hektar hat. Davon machen die Nadelhölzer einen großen Anteil aus, dominierend sind Kiefer und

Fichte. Der Zerzabelshofer Forst, das hier beschriebene Gebiet, wird dem Lorenzer Reichswald zugeordnet, wo früher auch einige Steinbrüche errichtet wurden. 2017 wurde der Naturerlebnispfad Valznerweiher nach einem großen Umbau und Sanierungsarbeiten wiedereröffnet.

Streckenverlauf – Einblick in die 18 Stationen

Auf einer Gesamtstrecke von 2,5 Kilometer verteilen sich 18 Stationen, die Einblicke in das Biotop „Wald" geben. Da der Weg selbsterklärend ist, habe ich hier ein paar Highlights der Stationen zusammengefasst:

- **Stammscheibe/Baumalter:** Die Initiatoren des Erlebnispfades haben sich eine Besonderheit überlegt. Bestimmter Punkte und Jahreszahlen auf der Baumscheibe kann man mit Daten der Weltgeschichte und von Ereignissen der Stadtchronik Nürnbergs vergleichen. Beispielsweise ist 1835 notiert, wo die erste deutsche Eisenbahn von Nürnberg nach Fürth gefahren ist oder auch 1969, als der erste Mensch den Mond betreten hat.

- **Dendrophon und Xylophon:** Fast schon ein Klassiker, der in keinem Erlebnispfad fehlen darf sind Holzstämme in abwechselnder Länge/Dicke, um unterschiedliche Töne zu erzeugen. Unsere Kinder lieben sowohl die hängenden als auch liegenden Optionen hierfür!

- **Wurzelwelt:** Die Unterwelt der Bäume ist im Normalfall nicht sichtbar. Auf dem Walderlebnispfad Valznerweiher aber können Kinder und Erwachsene einen Blick auf die Wurzeln werfen. Anhand von zwei Baumstämmen kann man nicht nur die Wurzeln inspizieren, auch die Antwort auf die Frage, wie schnell Bäume wachsen, kann nachgelesen werden.

Highlight
Auf einer kurzen Strecke sehen die Kinder meist immer schon die nächste Station. Das motiviert und ist gerade für die ersten Wanderungen mit kleinen Kindern empfehlenswert.

- **Baumhöhe:** Wie leicht fällt es euch, Höhen von Tieren oder Gebäuden zu schätzen? Mithilfe eines liegenden Baumstammes können Höhen einfach „abgelaufen“ werden, wie zum Beispiel die Durchschnittsgröße eines Menschen, einer Giraffe oder auch die Höhe eines Lastwagens.

4 Familien-Erlebnispfad Hilpoltstein

Dieser Erlebnispfad wurde erst Ende 2023 eröffnet und ist im schönen Hilpoltstein südlich von Nürnberg gelegen.

Länge	Höhenmeter	Dauer	Schwierigkeit
2,6 – 4,7 km	40 m	2 Stunden	einfach

91161 Hilpoltstein, Am Rathaus

Ideales Wetter: ganzjährig schöner Weg
Sonne/Schatten: ein Großteil des Weges verläuft unter freiem Himmel
Wegbeschaffenheit: Schotter-, Forst- und Waldwege
Jahreszeit/Klima: ganzjährig ein schöner Weg, v. a. von Frühjahr bis Herbst angenehm
Alter: ab ca. 2 Jahren
Kinderwagen/Laufrad: der Weg ist kinderwagengeeignet
Spielen und Toben: an den Mitmachstationen und auf dem Weg selbst
Noch mehr Spaß: von Ostern bis Oktober ist der Erlebnisbauernhof Auhof geöffnet, der direkt an der längeren Strecke liegt. Im Sommer kann man sich im Freibad abkühlen, das einen durchdachten Kinderbereich hat
Einkehrmöglichkeit: in Hilpoltstein gibt es Cafés, Restaurants oder Eisdielen
Parken: diverse Parkplätze wie z.B. rund um den Stadtkern an der Zwingerstraße oder in der Nähe des Freibades an der Johann-Friedrich-Straße direkt am Stadtweiher
Anfahrt: über die A9 Richtung München, Ausfahrt Allersberg oder B2 Richtung Weißenburg, Ausfahrt Roth-Hilpoltstein

Hintergrundwissen zum Familien-Erlebnispfad

Gefördert durch das Bayerische Staatsministerium für Ernährung, Landwirtschaft und Forsten und den Europäischen Landwirtschaftsfonds für die Entwicklung des ländlichen Raums (ELER), ist 2023 dieser Wanderweg mit Erlebnisstationen entstanden. Der örtliche Bezug zu Hilpoltstein, der anhand einiger interessanter Figuren wie der Pfalzgräfin, dem Nachtwächter oder dem Flecklasmo deutlich wird, hat uns besonders gut gefallen. An 18 Stationen erwarten Kinder und ihre Eltern spannende Geschichten und Aufgaben mit einer besonderen Kulisse.

Streckenverlauf

Die erste Station des Erlebnispfades ist der Brunnen vor dem Rathaus in der Altstadt. Hier steht das Brunnenmännlein, das auch als Wegweiser für den weiteren Verlauf dient. Vorbei am Museum Schwarzes Ross und dem Döderleinsturm, dem einzig noch erhaltenen Turm der Stadtmauer, kommt man schon zur Försterwiese. Bevor die Kinder sich auf dem wunderschönen Spielplatz austoben können, dürfen sie erst mal über „Planeten hopsen" und mehr über den Bezug lesen, den Planeten mit der Stadt Hilpoltstein haben.

Nach diesem ersten Highlight geht es über eine Brücke zum Stadtweiher, wo man erst die Hilpoltsteiner Figuren wieder richtig zusammensetzen muss, um dann den Landschaftsbilderrahmen zu finden. Man kann ihn eigentlich nicht übersehen und sich mit der Familie positionieren, um ein tolles Andenken zu knipsen. „Vorsicht: Schwindelgefahr!“ heißt es bei der nächsten Station, der Drehscheibe, wo man mit der Pfalzgräfin tanzen kann. Wir starteten unsere Tour übrigens an dieser Station, was auch problemlos möglich ist.

Kennt ihr schon den Flecklasmo? Falls nicht, kann man an der nächsten Station mehr über die Tradition der Flecklasmänner lesen und was diese mit Fasching zu tun hat – und vor allem seine Balance üben! Wir befinden uns inzwischen etwas östlicher vom Stadtkern und gehen an der Strauchhöhle vorbei (im Frühjahr hät-

ten wir sie fast übersehen, weil sie bislang nicht zugewachsen war), zur Wackelbank.

Erneuerungen und Erweiterung um einen Themenlehrpfad
Von hier könnte der Weg in nordwestliche Richtung verlängert werden zum Skatepark und Pumptrack, der für ältere Kinder ein beliebtes Ausflugsziel ist. Oder weiter zum Erlebnisbauernhof Auhof, der auch einen eigenen Ausflug wert ist. Hier kann man zum einen Nutztierrassen wie Esel, Hühner, Gänse oder Schweine sehen und zum anderen am Spielplatz toben.

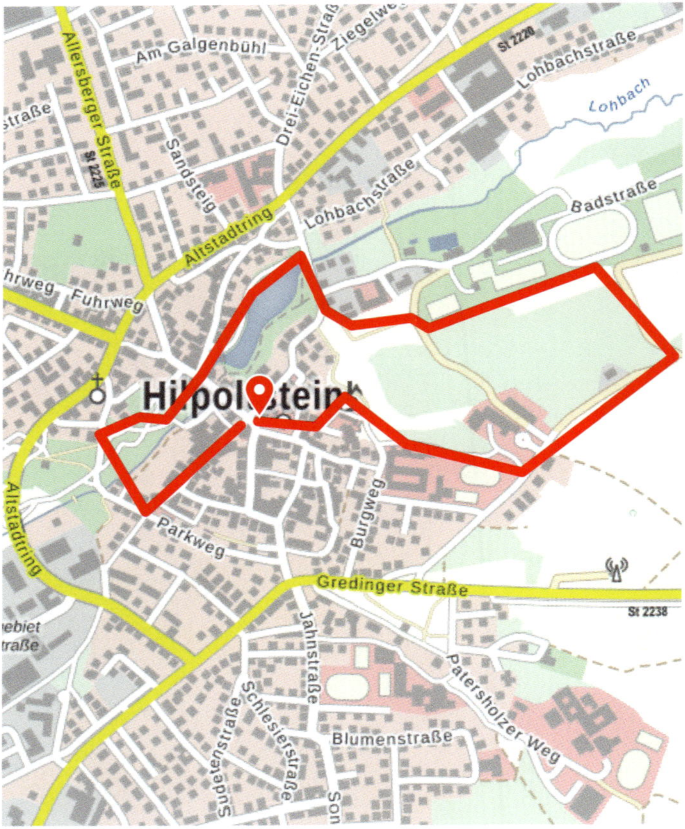

Letztes Drittel: Vom Abenteuerwald über die Burg bis zum Drachen

Ob man direkt von der Station der Wackelbank kommt oder die längere Route zum Auhof gewählt hat: Als Nächstes kann man am Spielplatz nahe der Burg toben und an der Trommelstation sein Können unter Beweis stellen. Könnt ihr euch vorstellen, was sich hinter dem Begriff „HilpoltSTEIN“ verbirgt oder wieso man sich erzählt, dass früher ein Drache sein Unwesen auf der Burg Hilpoltstein getrieben hat? Das lernt ihr auf dem weiteren Weg. Plant unbedingt etwas Zeit ein, die imposante Burgruine zu besichtigen.

Highlight
Dieser neue Erlebnispfad im Fränkischen Seenland begeistert durch seine vielseitigen Stationen, die sowohl im Stadtkern liegen als auch an der Burg und einem abwechslungsreichen Spielplatz vorbeiführen.

Mit vielen Informationen, Fotos und Erinnerungen im Gepäck ist der Erlebnisweg nun beendet und es bleibt Zeit für eine Stärkung oder weitere Erkundung des Fränkischen Seenlandes.

5 Sandbockelweg Pleinfeld

Im wunderschönen Fränkischen Seenland liegt ein ca. dreieinhalb Kilometer langer Erlebniswanderweg und Themenlehrpfad für die Familie. Der Sandbockelweg in Pleinfeld wurde im Herbst 2021 erneuert und erweitert.

Länge	Höhenmeter	Dauer	Schwierigkeit
3,5 km	60 m	1,5 Stunden	einfach

91785 Pleinfeld, Nordring

Ideales Wetter: trockenes Wetter
Sonne/Schatten: ein Teil des Weges verläuft unter freiem Himmel, es geht aber auch durch den Wald
Wegbeschaffenheit: überwiegend Waldboden und Feldwege mit etwas Kies und Asphalt
Jahreszeit/Klima: ganzjährig ein schöner Weg, v. a. von Frühjahr bis Herbst
Alter: ab ca. 2 Jahren
Kinderwagen/Laufrad: der Weg ist nicht immer, aber meist für Kinderwägen geeignet
Noch mehr Spaß: auf der Sommerrodelbahn an der B2 oder bei verschiedenen Aktivitäten am Großen Brombachsee
Spielen und Toben: an den Mitmachstationen und in der Natur
Einkehrmöglichkeiten: in Pleinfeld oder am nur 3 km entfernten südlichen Brombachsee
Parken: am Wanderparkplatz an der Straße „Nordring" im nördlichen Pleinfeld
Anfahrt: über die B2 Richtung Weißenburg, Ausfahrt Pleinfeld-Nord

Hintergrundwissen zum Sandbockelweg

Auf Initiative der Grundschule Pleinfeld wurde dieser Wanderweg errichtet, um den Besuchern Bewegung und Natur näher zu bringen. Er dient auch heute noch als Unterrichts- und Spielwiese für die Schüler und so werden die Infokästen entlang des Weges immer wieder mit neuen Themen bestückt. Den Namen verdankt der Sandbockelweg übrigens der Sand„bockl"bahn aus den 50er-Jahren, die

zu dieser Zeit zwischen den damaligen Sandgruben und der Verladestation der Deutschen Bahn verkehrte.

Streckenverlauf

Am Wanderparkplatz überquert man erst die Straße, bevor es anschließend rechts auf einem Feldweg entlang geht, immer der Beschilderung nach. Besucher haben dann die Möglichkeit durch ein Fernglas ins Land zu schauen, bevor sie bei einem etwas später aufgestellten Holzrahmen Fotos machen können.

Wenn man den Weg parallel der Bahngleise nach links verlässt, bietet sich bald ein toller Blick auf einen Baggersee und Sandgruben, bevor es immer mehr durch den Wald geht. Vor einer letzten Abzweigung können Kinder ein „Foucaultsche Pendel“ sehen, also ein großes Fadenpendel, mit dessen Hilfe die Erdrotation anschaulich gemacht wird. Abschließend führt der Weg geradeaus zum Wanderparkplatz zurück.

> **Highlight**
> Der Sandbockelweg wird regelmäßig gepflegt. Außerdem wechseln die von der Grundschule gestalteten Themen im Laufe des Jahres immer wieder. Der Weg lässt sich auch gut mit Freizeitaktivitäten am Brombachsee verbinden-bachsee verbinden.

Erneuerungen und Erweiterung um einen Themenlehrpfad

Da der Weg teilweise etwas in die Jahre gekommen war, wurde er im Herbst 2021 überarbeitet und um weitere Stationen wie z. B. einem Weitsprung-Bereich, bei dem die eigenen Sprünge mit denen von Waldtieren verglichen werden können, ergänzt. In einem weiteren Bereich können Steinmännchen gebaut werden, die angeblich Wanderer vor Trollen schützen sollen.

Parallel zum Sandbockelweg verläuft zudem der neue Themenlehrpfad „Kleine Sandungeheuer“, bei dem man mehr über Sandlebensräume und deren Bewohner lernt, aber auch über den gesamten Sandabbau – passend also zur Geschichte der Sandbockelbahn.

6 Schnittlinger Loch Spalt

Das Schnittlinger Loch ist in der Nähe von Spalt in der Fränkischen Alb zu finden. Die kürzeste Route für eine Familienwanderung umfasst einen drei Kilometer langen Rundweg, den man aber auch beliebig erweitern kann.

Länge	Höhenmeter	Dauer	Schwierigkeit
3 km	90 m	2 Stunden	mittel

91174 Spalt, Schnittling

Ideales Wetter: empfehlenswert bei trockenem Wetter
Sonne/Schatten: die Schlucht selbst ist schattig, je weiter man den Rundweg nutzt, desto mehr ist man unter freiem Himmel
Wegbeschaffenheit: teils sehr unebene und verwurzelte Waldwege, die bei den Weihern aber zu breiteren Wald- und Flurwegen übergehen
Jahreszeit/Klima: insbesondere nach Regen sind die Wege matschig – generell ist Matschkleidung ratsam
Alter: ab ca. 3 Jahren spannend für Kinder
Kinderwagen/Laufrad: durch viele Stufen und enge Stellen nicht kinderwagentauglich
Noch mehr Spaß: in der landschaftlich ebenso faszinierenden, nur wenige Kilometer entfernten Massendorfer Schlucht
Besonderheit: bei einem Ganztagesausflug lässt sich prima das nahe Fränkische Seenland entdecken
Einkehrmöglichkeiten: einen Biergarten mit u.a. Minigolf und Ponyreiten findet man in der Pflugsmühle. Restaurants gibt es außerdem in Spalt oder auch in Enderndorf mit Blick auf den Brombachsee wie z. B. im Restaurant „Zum Hochreiter"
Parken: am Wanderparkplatz Schnittlinger Loch, von beiden Seiten kommend links und rechts der Hauptstraße oder in den Seitenstraßen
Anfahrt: über die B466 Richtung Fränkisches Seenland

Ein toller Zwischenstopp im Fränkischen Seenland

Durch Unterwaschungen und Unterspülungen ist dieses Naturdenkmal und das als Geotop ausgewiesene Schnittlinger Loch entstanden. Bereits am Wanderparkplatz wird man von einer rund

450 Jahre alten und 31 Meter hohen Eiche begrüßt, bevor man die heute noch existierenden, meterlangen Felsen und Halbhöhlen sieht.

Vom Parkplatz aus kann man zwei Wege wählen, um in die Schlucht hinabzusteigen, wir haben uns rechts gehalten und so schon mal nach unten blicken können. Für den Abstieg empfiehlt

sich gerade mit kleinen Kindern besondere Vorsicht und Trittsicherheit. Die Schlucht selbst ist nicht besonders groß bzw. lange, deshalb sind wir noch ein Stück östlich Richtung Weiher gelaufen. Neben einem Froschkonzert am Wasser kann man hier auch unzählige Kaulquappen beobachten. Diesen Weg kann man dann wieder zurücklaufen und vor der Schlucht rechts wieder hochsteigen.

Wer gerne noch länger wandern möchte, kann die Route nach den Weihern am Hatzelbach entlang beliebig erweitern bzw. als Rundweg gestalten oder auch bis zum nächstgelegenen Ort Spalt laufen.

Wer vor allem wegen der Schluchten hier ist, kann noch die Massendorfer Schlucht besuchen, die nur 6 Kilometer entfernt liegt und ein mindestens genauso beliebtes Ausflugsziel in der Gegend ist.

Highlight
Das Naturdenkmal Schnittlinger Loch eignet sich perfekt als Zwischenstopp zum Fränkischen Seenland. Mit einem abenteuerlichen, kurzen Abstieg in die Schlucht ist es ein spannendes Ziel für Kinder.

Wir verbinden diese kleine Wanderung gerne mit einem Besuch am vielseitigen Brombachsee, wo man nicht nur schwimmen, radfahren oder spazieren kann, sondern z. B. auch den Barfußpfad oder Hochseilgarten (siehe dazu auch **Klettergärten Nr. 2** auf S. 196) erkunden kann.

7 Hahnenkamm Erlebnispfad Heidenheim

Im Fränkischen Seenland liegt der ca. viereinhalb Kilometer lange Hahnenkamm Erlebnispfad, der sich nicht nur in die Landschaft einschmiegt und durch Wälder, an Wiesen und über Hügel auf und ab verläuft, sondern auch interaktiv ist.

Länge	Höhenmeter	Dauer	Schwierigkeit
4,5 km	120 m	rund 2,5 Stunden	mittel

91719 Heidenheim, neben dem Schullandheim

Ideales Wetter: empfehlenswert bei trockenem Wetter
Sonne/Schatten: im Wald schattig und kühler, auf den Flurwegen auch sehr sonnig
Wegbeschaffenheit: bis auf den Beginn größtenteils unebene und teils enge Flur- und Waldwege
Jahreszeit/Klima: festes Schuhwerk und Kleidung, die dreckig werden darf. Vor allem im Waldbereich kann es sehr matschig werden
Alter: ab ca. 3 bis 4 Jahren, da man doch einiges laufen muss
Kinderwagen/Laufrad: nicht geeignet; im Streckenverlauf wird es sehr eng und uneben
Noch mehr Spaß: am Wochenende kann das nahegelegene Schloss Spielberg besichtigt werden
Besonderheit: bei einem Ganztagesausflug lässt sich prima das nahe Fränkische Seenland entdecken
Einkehrmöglichkeiten: in Heidenheim bzw. am südlichen Altmühlsee gibt es viele Einkehroptionen
Parken: in der Nähe des Schullandheims Heidenheim, z. B. direkt neben dem Infopavillon im Gras
Anfahrt: südlich vom Altmühlsee gelegen und von dort über die B466 bzw. B13 zu erreichen

Der abwechslungsreiche und interaktive Erlebnispfad im Fränkischen Seenland

Dieser Erlebnisweg war einer unserer ersten dieser Art und ist mir deswegen besonders in Erinnerung geblieben. Durch die verschiedenen Wegbeschaffenheiten und einigen zu überwindenden Höhenmetern, empfehlen wir ihn aber unbedingt ohne Kinderwagen

und eher für motivierte kleine Läufer. Der Wegweiser ist ein Hahn auf gelbem und orangenem Hintergrund.

Zu Beginn dieses gut 4,5 Kilometer langen Weges läuft man sehr nah an großen Windrädern vorbei, was wirklich beeindruckend ist. Hier ist der Weg auch noch geteert und breiter. Folgt man dann der Beschilderung, kommt man schon bald auf Flur- und Wald-

wege. An insgesamt 14 Stationen kann man selbst aktiv werden und steigert damit die Freude und die Laufbereitschaft der Kinder.

Bevor man dann links in den Wald abbiegt, kann man erst mal die Schuhe ausziehen und auf dem recht großen und schön angelegten Barfußpfad die Materialien tasten. Die Stationen „Verkehrte Welt“ und „Bodenprofil“ sind etwas versteckt im Wald zu finden und erläutern Bäume und ihre Beschaffenheit. Anschließend geht es einen steilen und etwas verschlängelten Weg bergab, um schließlich auf der rechten Seite das Fernrohr zur Vogelbeobachtung zu finden. Den anschließenden Weitblick haben wir durch eine kurze Pause auf Liegestühlen genossen, bevor man an verschieden langen und dicken Baumstämmen Musik machen kann.

Der letzte Abschnitt beginnt mit dem Bilderrahmen „Schau ins Land“ und einer Station zur Erläuterung der Bestimmung eines Baumalters. Da die kleinen Füße hier schon etwas müde waren, haben wir uns vor der Station „Trockenrasen“ anstelle des längeren Weges um das Schullandheim

Highlight
Trotz einiger Höhenmeter, finde ich diesen gut 4 Kilometer langen, interaktiven Erlebnispfad sehr abwechslungsreich und daher empfehlenswert. An 14 Stationen kann man die Natur mit allen Sinnen erleben.

herum für eine Abkürzung auf direktem, steilen Wege bergauf entschieden.

Insgesamt finde ich diesen Erlebnisweg sehr abwechslungsreich, vor allem durch die unterschiedlichen Wege und die vielfältige Landschaft. Man lernt viel über die Natur, dort lebenden Tiere und Geologie, wie zum Beispiel die verschiedenen Erdschichten des Hahnenkamms.

8 Erlebnispfad Petersberg

Der 3,5 km lange Erlebnisweg in der Nähe von Bad Windsheim hat viel zu bieten: Mitmachstationen, abwechslungsreiche Wege und eine beeindruckende Aussicht.

Länge	Höhenmeter	Dauer	Schwierigkeit
2 – 3,4 km	120 m	3 Stunden	mittel

91613 Marktbergel, Petersberg, Am Sportplatz

Ideales Wetter: trockenes Wetter
Sonne/Schatten: der Weg verläuft teilweise durch schattige Waldabschnitte, rund um den Berg ist es überwiegend sonnig
Wegbeschaffenheit: Wald-, Teer- und Flurwege
Jahreszeit/Klima: von Frühjahr bis in den Herbst reizvoll
Alter: ab ca. 3 Jahren
Kinderwagen/Laufrad: der Weg der „blauen Hexe" ist kinderwagengeeignet
Spielen und Toben: an den Mitmachstationen und auf dem Weg selbst
Noch mehr Spaß: für einen Tagesausflug kann man das Freilandmuseum in Bad Windsheim besuchen
Einkehrmöglichkeiten: rund um Marktbergel gibt es Cafés oder Gasthäuser
Parken: am Sportplatz sind einige Parkplätze vorhanden, wo man schon den Beginn des Weges sieht
Anfahrt: direkt an der B2 zwischen Ansbach und Uffenheim gelegen, nächstgrößerer Ort ist Oberdachstetten

Hintergrundwissen zum Wanderweg rund um den Petersberg
Der Erlebnispfad wurde errichtet, um die Lebensräume der in der Umgebung lebenden und teils seltenen Tier- und Pflanzenarten anschaulich zu vermitteln. Während der untere Teil des Berges von Streuobstwiesen bedeckt ist, findet man im oberen Gebiet vor allem Heckengeholz vor.

Diese Wanderung bietet einen Einblick in die Sage „Schatz im Petersberg“ und den unterirdischen Gang, der im Mittelalter Teil des Hexenglaubens war. Hier wurde dann auch eine Kapelle errichtet, die Ziel großer Wallfahrten wurde, inzwischen aber weitgehend zerstört ist.

Streckenverlauf

Wer einen barrierefreien Rundweg sucht, kann der „blauen Hexe“ auf einer Gesamtlänge von knapp 2 km folgen, wo man auch schon einiges über die Landschaft am Petersberg erfährt. Besonders beeindruckend ist aber der Erlebnispfad „Bergsteiger“, der eine Gesamtlänge von 3,4 km hat und einige Höhenmeter überwindet. Dafür punktet er mit toller Aussicht. Dieser Bergsteiger-Weg ist auch nachfolgend beschrieben.

Die Tour startet vor dem Parkplatz, an dem ein großes Banner aufgehängt ist und sich in einer Box Rätselzettel zu den jeweiligen Stationen befinden. Zuerst folgt man dem geteerten Weg leicht bergauf und kann an den ersten Stationen mehr über die Natur und den Weinbau lernen.

Mithilfe eines magnetischen Holzgriffes können die Kinder anschließend Vogelstimmen abspielen. Oder Blüten in verschiedenen Farben sammeln und dann auf einem Rechenschieber die Perlen entsprechend der gefundenen Anzahl verschieben. Aus sicherer Entfernung kann man dann mehr über den Arbeitsalltag von Bienen und auch ihrem Lebenslauf erfahren. Besonders im Frühsommer ist der Besuch hier lohnend, da die umliegenden Streuobstwiesen zu blühen beginnen.

Nach der Infostation zu den Bienen folgt man dem geteerten Weg nur noch kurz und biegt links ab, wo ein Waldweg steil bergauf führt. Es ist die größte Steigung, die beim Zuordnen von Blättern und Bäumen etwas Pause erlaubt.

Oben angekommen folgt man wieder der Beschilderung der gelben Hexe links des Waldweges, bevor man schließlich auf das untere Plateau des Petersbergs gelangt. Hier lohnt sich eine Pause, denn verschiedene Aktivitäten warten auf Kinder und Erwachsene wie z.B. Zapfen werfen (was im ersten Moment aussieht wie ein Mülleimer; bitte auch wieder zurücklegen), die naheliegenden Hecken erkunden oder Informationen am Infopavillon zu verschiedenen Tierarten lesen. Wir haben bei unserem Besuch einen windigen, aber sonnigen Nachmittag Ende Februar außerdem genutzt, um Drachen steigen zu lassen. Das Areal hier bietet sich dafür perfekt an.

Ein letzter Aufstieg

Um zur Spitze des Petersbergs zu kommen, folgt man nach einer kurzen Verschnaufpause einer Wiese gegenüber des dem Heckentunnel entlang einer anfänglich leichten und dann steilen Steigung. Auf dem Gipfelplateau thront schließlich ein großes Kreuz sowie Infotafeln und Sitzbänke. Über Stufen gelangt man dann auf der anderen Seite wieder nach unten und kommt zu einem für Kinder sehr spannenden Platz mit einer nachempfundenen Holzeisenbahn.

Hier steht auch ein Schild, wo man mit einem QR-Code für den Erhalt des schönen Weges spenden kann.

Highlight
Wer einen kleinen Berg erklimmen und dabei noch etwas über die umliegende Natur erfahren möchte, sollte sich auf zum Erlebnispfad am Petersberg in Marktbergel machen.

Der Weg nach unten geht weiter über Felder und Wiesen und war durch die teils schattige Lage etwas matschig. Nach Regen ist es hier sehr ratsam, entsprechendes Schuhwerk zu tragen und beim Abstieg aufzupassen. Man folgt dann dem Weg immer links und kommt schließlich über einen geteerten Weg zurück zum Anfangspunkt und Parkplatz.

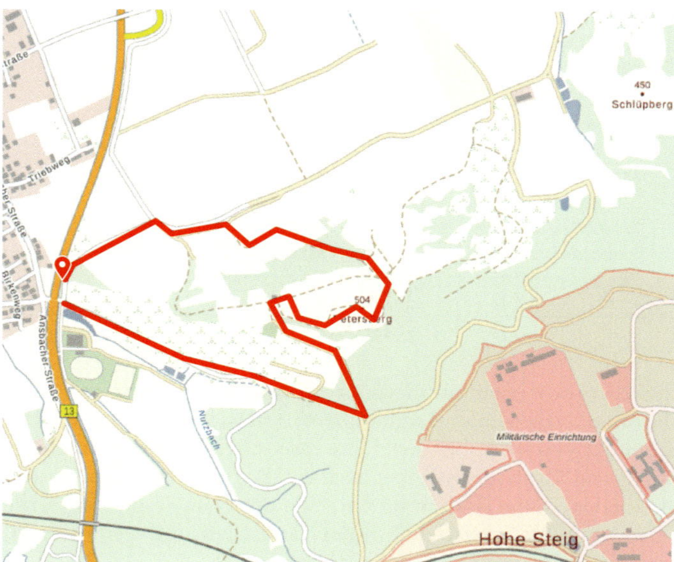

9 Streuobsterlebnispfad Burgbernheim

Dieser naturnahe Weg ist für Klein und Groß wahrlich gut zum Kirschen essen: Rund 30.000 Obstbäume stehen in Burgbernheim verstreut in der Landschaft. Auf einer Strecke von vier oder sechs Kilometer können Besucher in die vielseitige und bunte Landschaft eintauchen.

Strecke	Höhenmeter	Dauer	Schwierigkeit
4 oder 6 km	60 m	1,5-2,5 Stunden	einfach bis mittel

91593 Burgbernheim, Freibadstraße

Ideales Wetter: kein Regen, da kaum Schutz
Sonne/Schatten: überwiegend sonnig
Wegbeschaffenheit: Flur-, Wald- und Wiesenwege
Jahreszeit/Klima: eine ganzjährig reizvolle Tour, besonders von Frühling bis Spätsommer
Alter: ab ca. 3 Jahren spannend; ab dem Schulalter sicher noch interessanter
Kinderwagen/Laufrad: größtenteils machbar
Spielen und Toben: Labyrinth aus Buchenhecken, verschiedene Figuren und Elemente am Rundweg
Noch mehr Spaß: für ältere Kinder kann man sich eine App mit Infos und einem Quiz herunterladen
Einkehrmöglichkeiten: im Ort selbst oder z. B. in Rothenburg ob der Tauber
Parken: Parkplatz vor dem Freibad oder im Ort
Anfahrt: über die B470, nordwestlich von Ansbach oder die A7 auf Höhe Bad Windsheim / Rothenburg ob der Tauber

Hintergrundwissen zur Genussregion in Burgbernheim

Die Streuobstwiesen in Burgbernheim umfassen rund 30.000 Obstbäume, davon sind über die Hälfte Zwetschgenbäume, gefolgt von Äpfel- und Birnbäumen. Aber auch ein paar Kirsch-, Walnuss- und Mirabellenbäume sind zu finden. Wie der Name sagt, stehen die Obstbäume hier „verstreut" in der Landschaft und werden möglichst umweltverträglich bewirtschaftet.

Highlights auf dem Erlebnispfad

Den Streuobsterlebnispfad kann man entweder am Marktplatz in Burgbernheim oder auf einem etwas größeren Parkplatz vor dem Freibad beginnen. Nur wenige Meter hinter dem Freibad liegt auf der linken Seite der Eingang (oder auch Ausgang, man kann beide Richtungen nutzen) zu einem Labyrinth. Hier sind auf Tafeln Informationen zu den im Gebiet vertretenen Obstsorten und auch Tieren zu finden (alternativ auch später auf einem Flyer nachlesbar).

Ein Labyrinth aus Buchenhecken

Der Eingang und der Verlauf im Labyrinth sind dann recht selbsterklärend und vor allem für die Kinder ein großer Spaß. Durch die leichte Hanglage und das doch einige Meter langes und breit an-

gelegtes Labyrinth, haben wir die Aussichtsplattform in der Mitte zuerst gar nicht entdeckt. Die Freude war dann umso größer und man konnte sich gleich einen guten Überblick verschaffen. Der Irrgarten ist ebenfalls ein Teil des folgenden Lehrpfades und als Einstieg für Kinder sehr motivierend.

Das Gebiet „Im Gründlein": Von einer Anhöhe mit Weitblick zu Figurenbeuten
Von einer Anhöhe hinter dem Labyrinth hat man einen tollen Rundumblick auf den Irrgarten, aber auch auf einige Weiher, Obstbäume und die schöne Landschaft. Eine überdimensional große Sitzbank lud uns gleich auf einen kurzen Stopp ein. Während die Kinder die ersten mitgebrachten Snacks inspizierten, habe ich den Infokatalog zum Streuerlebnispfad durchgeblättert.

Für größere Kinder, die vielleicht in der Schule gerade heimische Tier- und Pflanzensorten durchnehmen, sind zahlreiche Hintergrundinformationen zu finden. Den Lebensraum Kleingewässer und Feuchtbiotop kann man gut an den Weihern erleben. Aber auch für die kleineren Kinder im Kindergartenalter wurde z. B. der Lebensraum der Bienen toll erklärt.

Eine Besonderheit sind „Figurenbeuten": Diese seit dem 17. Jahrhundert bekannten Figuren sollten den Bienenhain vor Honigräubern schützen und sind ein Zeichen für die Bedeutung des Fortbestands allen Lebens. Sie werden nun immer häufiger wieder

errichtet, wie auch hier in Burgbernheim in Form einer Birne. Zum einen schmücken sie den Bienengarten, zum anderen symbolisieren sie den Stolz der Imkerzunft.

Rundweg durch die Streuobstwiesen

Der offizielle Rundweg ist vom Marktplatz aus kommend mit 6 Kilometer angegeben, wobei er auf 4 Kilometer verkürzt werden kann. Die 19 Stationen werden auf Infotafeln erläutert und sind recht schnell zu finden. Unser beschriebener Weg orientiert sich im Großen und Ganzen an den Stationen, die wir auf unserer 3,5 Kilometer langen Tour aber glaube ich nicht alle gefunden haben.

Wir haben uns beim großen Weiher links gehalten, wo es auf Flur- und Waldwegen erst bergauf ging. Bevor man auf eine Eisenbahnstrecke stößt, kann man hier noch einen Baum bewundern, an dem viele Nistkästen aufgehängt wurden. Man folgt nun ein Stück den parallel verlaufenden Bahngleisen, wo durchaus etwas Vorsicht mit kleinen Entdeckern geboten ist.

Dann geht es nach einigen Metern aber rasch wieder bergab und direkt auf einen „spannenden Anhänger“, wie mein Kind sagte, zu. Diesen Schäferkarren darf man auch betreten und erfährt, wie er sich von einem reinen Wohn- und Schlafplatz eines Wanderschäfers im 17. Jahrhundert zu einem Wagen entwickelt hat, der als Schausteller- oder Zirkuswagen genutzt wurde. Wir befinden uns nun wieder „Im Gründlein“, und können nochmal in die Natur und Tierwelt eintauchen. Auf dem Weg hier wurde auch ein Grillplatz errichtet, wo man aber auch ohne Grillgut eine schöne Pause einlegen kann.

Highlight
Die Streuobstwiesen versprühen ein besonderes Flair und man kann in eine bunte und vielseitige Landschaft eintauchen. Ein Labyrinth aus Buchenhecken waren für uns das i-Tüpfelchen auf dieser Wanderung.

Für ältere Kinder kann man sich bei der Stadt Burgbernheim übrigens eine App herunterladen, die noch mehr Informationen über die Region bietet und auch ein Quiz zur Verfügung stellt.

10 Kunst- und Naturweg Ammerndorf

Ein kurzer Rundweg von drei Kilometer lädt im Landkreis Fürth ein, um mehr über die Natur und dort lebende und aktive Tiere wie den Biber zu lernen. Er lässt sich toll mit einer Radtour, einem Besuch auf dem Spielplatz im Ort oder in der Eisdiele verbinden.

3,5 km | 60 m | 2 Stunden | einfach

90614 Ammerndorf, Am Friedhof Sommerkeller

Ideales Wetter: trocken und nicht direkt nach starkem Regen
Sonne/Schatten: überwiegend sonnig
Wegbeschaffenheit: Schotter- und Flurwege sowie einige Wiesen- und Waldabschnitte
Jahreszeit/Klima: eine ganzjährig schöne Tour
Alter: ab ca. 2,5 Jahren
Kinderwagen/Laufrad: wir sind mit dem Laufrad bis auf wenige Stellen gut vorangekommen
Spielen und Toben: die Kunst ist teilweise „zum Greifen nahe"
Noch mehr Spaß: auf dem Spielplatz Am Moosrangen, der u. a. einen Bachlauf hat
Einkehrmöglichkeiten: für ein Eis in der Eisdiele Loisl's im Ort
Parken: am Friedhof Sommerkeller
Anfahrt: westlich von Nürnberg, zwischen der B8 und B14 gelegen

Hintergrundwissen zur Wanderung

Es gibt vier Themenrouten über die Felder, im Ort und am Biberttal-Radweg entlang. Lokale Künstler haben an einigen Stellen Skulpturen aufgestellt, an Infotafeln kann man Hintergrundwissen nachlesen, z. B. über den Bau eines Biberdamms oder Bienen. Der Biber findet in Ammerndorf um den Reichenbach übrigens optimale Bedingungen für seine Aktivitäten – auch teils zum Leidwesen der Anwohner.

Streckenverlauf
Vom Parkplatz am Friedhof kann man in alle Himmelsrichtungen eine Route starten, wobei ich hier die zwei größten als Rundweg kombiniere, da sie meines Erachtens die spannendsten Skulpturen und Gegenstände für Kinder bieten. Sie sind als gelbe und grüne Route mit Schildern gekennzeichnet. Man folgt dem bergauf verlaufenden Flurweg am Sommerkeller vorbei und steht nach knapp 1 Kilometer vor einer überdimensional großen Brille, durch die man „die Welt mit anderen Augen sehen" kann.

Wir folgen ab hier dem grünen „Wanderweg am Bach & Waldrand" rechts einem Waldweg entlang bergab, wo nun auch in kürzeren Abständen Stationen sind. Bevor man am Reichenbach Bienen aus

sicherer Entfernung sehen kann, informieren Tafeln über den Lebensraum der Eiche sowie Pilze. Spannend wird es dann nochmal an der Biber-Bank und bei der Libelle, bevor man ein kurzes Stück parallel der Straße entlang zurück zum Parkplatz läuft.

Wer noch gut zu Fuß ist, geht am Dreschmaschinenhaus vorbei den Biberttal-Radweg entlang und kommt so – vorbei an weiteren Skulpturen – zu einem schönen Spielplatz (siehe dazu auch **Spiel-**

plätze Nr. 12 auf S. 126), der nach wenigen Metern hinter einem riesigen Klettergerüst links am Bach liegt. Von hier sieht man auch schon den Weiher, der an wenigen Tagen im Winter noch zum Eislaufen einlädt und im Sommer ein idyllisches Plätzchen für ein Eis aus der angrenzenden Eisdiele ist.

Highlight
Der Kunst- und Naturweg eignet sich perfekt für warme Tage, da sich die Kinder anschließend am Spielplatz am Bach und bei einem Eis erfrischen können.

Für die Kinder ist dies eine sehr schöne, kleinere Runde mit entsprechender „Aussicht“ – nicht zuletzt wegen der möglichen süßen Belohnung danach. Übrigens: Im Zentrum von Ammerndorf sind auch noch historische Bauwerke wie die Mühle von 1607, die Brauerei von 1728 oder Fachwerkhäuser zu finden.

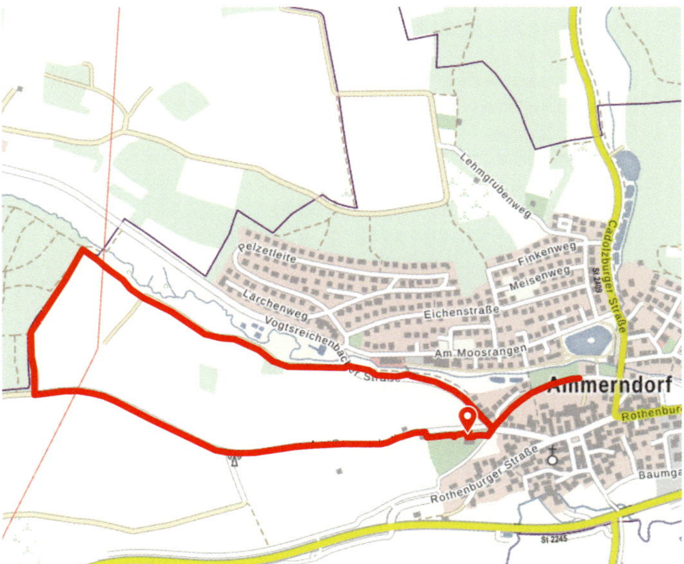

11 Walderlebniszentrum und Naturerlebnispfad Tennenlohe

Nicht nur für Kinder ist Bayerns ältestes und größtes Walderlebniszentrum in Erlangen-Tennenlohe ein spannendes Ausflugsziel. Auch der angrenzende Erlebnispfad wurde gut durchdacht und gestaltet und ist so für die gesamte Familie spannend.

Länge	Höhenmeter	Dauer	Schwierigkeit
1,5 km	20 m	2-3 Stunden	einfach

91058 Erlangen, Weinstraße 100

Ideales Wetter: trocken, damit man alle Stationen gut nutzen kann
Sonne/Schatten: meist schattig durch viele Bäume
Wegbeschaffenheit: Waldwege
Jahreszeit/Klima: Frühjahr bis Herbst
Alter: ab ca. 2,5 Jahren
Kinderwagen/Laufrad: das Walderlebniszentrum ist gut befahrbar. Beim Erlebnisweg lohnt ein Buggy (für laufende, aber kleine Kinder) kaum, da der Weg kurz ist und es viele Stationen gibt
Spielen und Toben: sehr vielseitig, ob im Zentrum beim Klettern oder bei der Kugelbahn oder auf dem Pfad selbst
Einkehrmöglichkeiten: in Erlangen gibt es viele Optionen für jeden Geschmack
Parken: an der Weinstraße oder Sebastianstraße
Anfahrt: über die A3, Ausfahrt Erlangen/Tennenlohe

Das Walderlebniszentrum

Bayerns ältestes und größtes Walderlebniszentrum verfolgt das Ziel, über den Wald und die Forstwirtschaft zu informieren und zu diese zu erleben. In einigen Hütten kann man sich auf dem Gelände in verschiedenen Ausstellungen informieren. So kann man z. B. mehr über die Biologie des Waldes erfahren oder präparierte Tiere sehen und ihren Stimmen lauschen. Außerdem kann man auf dem Freigelände in die Vergangenheit eintauchen und z. B. eine Saattrommel oder eine Maschine zur Holzernte bedienen.

Gerade für das (Vor-) Kindergartenalter ist nichts spannender als selbst etwas erfahren und erleben zu können. Daher habe ich das Walderlebniszentrum als absolut empfehlenswert empfunden. Schon zu Beginn am Parkplatz ist ein kleiner Infopavillon aufgebaut, an dem man die verschiedenen Waldbaumarten erleben kann. Zwischen den oben erwähnten Hütten locken dann Klettermöglichkeiten für die Kinder. Und das Freigelände führt einem nochmal ganz deutlich vor Augen, wie die Menschen früher gearbeitet haben und mit welchen, aus unserer heutigen Sicht, einfachen Hilfsmitteln Holz verarbeitet wurde.

Tipp: Auf einer Holzkugelbahn kann man Kugeln auf ihrem Weg nach unten folgen. Falls aus hygienischen Gründen keine Kugeln

verliehen werden dürfen, ist es ratsam eine eventuell eigene, vorhandene Holzkugel einzupacken.

Der angrenzende Naturerlebnispfad
Neben dem vorher beschriebenen Walderlebniszentrum kann man beim Naturerlebnispfad an insgesamt 14 Stationen selbst aktiv werden und die Natur mit allen Sinnen erleben. Im Mittelpunkt steht

dabei ganz klar die Bewegung: ob auf der Riesenwippe, beim Klettern an Bäumen oder auf der Weitsprung-Anlage. Das hat aber nicht nur unsere Fünfjährige sofort animiert, sondern auch Interesse beim zweijährigen Sohn geweckt. Man ist übrigens ins ca. 1,5 Stunden auf den Wegen zwischen den Bäumen durchgelaufen. Da das Gelände auch nicht übermäßig groß ist, verliert man auch nicht die Orientierung, wenn man sich mal kurz verläuft.

Highlight
Information über die Vergangenheit, die Natur und Spaß können so nah zusammenliegen wie hier in Tennenlohe: Das Erlebniszentrum ist mindestens genauso spannend wie der aufwändig gestaltete Erlebnispfad.

Ein kurzer Einblick in die 14 Stationen

- **Tierweitsprung:** Anlauf nehmen, in den Sand springen und anschließend auf der Infotafel mit der Weite, die Waldtiere springen, vergleichen.

- **Riesenwippe:** Entweder läuft man einfach von der einen zur anderen Seite oder man versucht gemeinsam, die Schaukel im Gleichgewicht zu halten.

- **Zapfenwurf:** Habt ihr euch ein paar Zapfen gesucht? Dann schnell an die Holzscheiben stellen und die Zapfen durchwerfen

- **Kletterbäume:** Schafft ihr es, ohne Kletterhilfe auf die Bäume zu steigen? Vielleicht sieht es ja schwerer aus, als es ist? Zum Üben gibt es auf jeden Fall Bäume mit großen Kerben zum Festhalten.

- **Totempfahl:** Geht mit geschlossenen Augen einen bestimmten Weg entlang. Auch mit der akustischen Hilfe von Begleitpersonen ist das gar nicht so einfach.

- **Baumtelefon:** Schon mal ein Ohr an einen Baumstammende gehalten, während eine andere Person ans andere Ende leicht klopft?

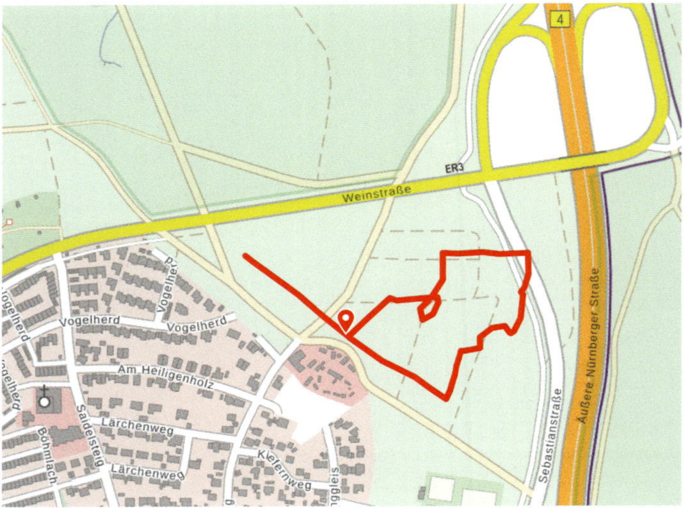

12 Kirschblütenweg Kalchreuth

Kalchreuth ist berühmt für seine blühende Pracht im Frühling. Aber auch außerhalb der Kirschblüte lohnt sich ein Besuch der Felder und Wiesen auf dem gut drei Kilometer kinderwagentauglichen Rundweg mit anschließendem Spielplatzbesuch.

⟷	▲	⏱	
3 km	80 m	2 Stunden	einfach

90562 Kalchreuth, Wanderparkplatz

Ideales Wetter: im Frühling zur Kirschblütenzeit ein besonders beliebtes Ausflugsziel, es ist ratsam die Stoßzeiten zu vermeiden
Sonne/Schatten: größtenteils in der Sonne
Wegbeschaffenheit: Schotter-, Wald- und Wiesenwege
Jahreszeit/Klima: ganzjährig, im Frühling besonders imposant
Alter: ab ca. 2 Jahren, interaktives Entdecken an den Infotafeln, unbeschwertes Herumtollen und Spielplatzbesuch
Kinderwagen/Laufrad: ja, überwiegend breite Wege eignen sich für den Kinderwagen
Spielen und Toben: zu Beginn ist ein schöner Spielplatz mit Wippe, Schaukel und Kletterelementen
Noch mehr Spaß: südlich im Ort liegt der Bewegungspark mit u.a. einem Kletterbereich und einem Pumptrack für Fahrräder oder Roller.
Einkehrmöglichkeiten: zahlreiche Gaststätten in Kalchreuth und in umliegenden Dörfern; außerdem eine gute Eisdiele in Heroldsberg
Parken: am Wanderparkplatz nördlich in Kalchreuth, ausgewiesene Parkplätze außerdem im Ort.
Anfahrt: über die A3 Ausfahrt Nürnberg Nord und B2 Heroldsberg

Hintergrundwissen zum Kirschblütenweg

Um den Streuobstbestand zu erhalten, wurde von Bund Naturschutz das Kirschenprojekt ins Leben gerufen, um die umfassende Pflege alter Hochstammbäume und die daraus resultierende Ernte der Kirschen lohnenswert zu machen. Die japanische Kirschblüte ist dort auch Landesblume; der Beginn der Kirschblütenzeit wird jährlich mit einem großen Fest gefeiert.

Wir haben den Kirschblütenweg nach der Blütezeit an einem schönen Frühlingstag besucht. Vor allem der traumhafte Weitblick ist mir in Erinnerung geblieben. An Informationstafeln können sich Jung und Alt über die Obstbestände und Kirschen informieren.

Streckenverlauf

Wir starten unsere Tour am Spielplatz direkt neben dem Parkplatz am Hofackerweg. Da wir gegen 9.30 Uhr eintreffen, bekommen wir auch noch gut einen Parkplatz. Man kann ein wenig am Hofackerweg entlang den Bäumen und einer Informationstafel entlang schlendern, merkt aber schnell, dass es eigentlich in die entgegengesetzte Richtung geht: also auf über die Straße. Während man z. B. an einer Tafel nachlesen kann, welche Kirschsorten es gibt und wofür das Obst verwertet wird, sieht man schon den rund 400 Meter entfernten riesigen Birnbaum. Die Aussicht auf die umliegenden Dörfer der fränkischen Schweiz von hier ist beeindruckend.

Der Weg führt dann die Wiese hinunter und mitten durch die Kirschgärten. An manchen Stellen findet man auch mobile Bienenstöcke und kann das Summen aus gewisser Entfernung hören. Wer noch nicht auf direktem Weg zum Sklavensee laufen möchte, kann noch einen Abstecher zum Jungfernsitz machen, von dem

man sich erzählt, dass eine Jungfrau noch im selben Jahr einen Mann findet, in dem sie dort Platz nimmt.

Highlight
Neben dem farbenfrohen Wanderweg über Felder und Wiesen mit phantastischem Ausblick, könnt ihr eure Kinder auch mit zwei schönen Spielplätzen nach Kalchreuth locken: u. a. mit einem Pumptrack für Fahrräder und größere Roller.

Der Sklavensee wurde in 1970er-Jahren künstlich angelegt und ist ein sogenannter Grubweiher. Heute findet man hier viele Fische und tolle Plätze zum Entspannen mit der ganzen Familie, bevor man anschließend wieder dem sich schlängelnden Weg bergauf folgt, um am oberen Wanderparkplatz bzw. dem Spielpatz am Hofackerweg herauszukommen.

Wenn die Kinder noch mehr Bewegungsdrang haben und ihr einen Roller oder ein Fahrrad eingepackt habt, schaut doch auch noch (am besten zu Fuß, wenn ihr schon einen Parkplatz gefunden habt) zum Pumptrack am südlichen Ausgang von Kalchreuth gelegenen Spielplatz vorbei: Es lohnt sich (siehe dazu auch Spielplätze Nr. 17 auf S. 146).

13 Niedrigseilgarten und Naturerlebnispfad Lauf-Schönberg

In Lauf-Schönberg kann man auf einem drei bis fünf Kilometer langen Rundweg sowohl einen Naturerlebnispfad als auch einen für jüngere Kinder geeigneten Niedrigseilgarten erleben.

Länge	Höhenmeter	Dauer	Schwierigkeit
4,5-6 km	80 m	1,5-2,5 Stunden	einfach

91207 Lauf an der Pegnitz, Schönberg

Ideales Wetter: nach Regen ist es im Wald teils sehr matschig
Sonne/Schatten: überwiegend schattig im Wald
Wegbeschaffenheit: Wald- und Forstwege
Jahreszeit/Klima: ein Rundweg, der von Frühjahr bis Herbst gut begehbar ist
Alter: Weg ab ca. 2 Jahren, Niedrigseilgarten ab ca. 3 Jahren
Kinderwagen/Laufrad: mit einem geländetauglichen Buggy oder Laufrad, das kurze Strecken getragen werden muss, machbar
Spielen und Toben: an vielen Stationen im Wald, vor allem auch am Niedrigseilgarten, Baumhaus und Waldspielplatz
Noch mehr Spaß: auf dem 5 km südlich liegenden „Klingenden Wasserfall" oder in der Bitterbachschlucht
Einkehrmöglichkeiten: direkt in Lauf, Schönberg oder den umliegenden Ortschaften
Parken: Parkmöglichkeiten gibt es an den Moritzberg-Werkstätten
Anfahrt: über die A9 Ausfahrt Lauf

Idee hinter dem Naturerlebnispfad

Der Förderverein, die Lebenshilfe e.V. und die Schulen in Lauf-Schönberg haben sich 1993 zusammengetan und mit dem Naturerlebnispfad ein Projekt für Kinder und Erwachsene ins Leben gerufen. Zwei Gedanken stehen hierbei im Mittelpunkt: Zum einen die Waldpädagogik, also eine umfassende Sinneserfahrung für Besucher. Zum anderen eine „naturnahe Begegnung von Menschen mit und ohne Behinderung" zu schaffen.

Streckenverlauf
Am Parkplatz der Moritzberg-Werkstätten hält man sich links, geht am Reittherapiezentrum vorbei ein wenig bergauf und folgt dann dem Feldweg erst links und dann wieder rechtsherum. Nach ca. 1 Kilometer kommt man so zu einem großen Platz, an dem sich auch das Waldhaus befindet. Hier laden Picknickbänke, ein Turm und ein Baumhaus zum Verweilen ein.

Fast gegenüber kann man dann den Eingang zum Tastpfad sehen, der allerdings etwas in die Jahre gekommen ist. Kurz hinter dem Tastpfad befindet sich ein Weidenlabyrinth und eine Holzwippe, hinter der sich der Eingang zum Niedrigseilgarten versteckt hat.

Niedrigseilgarten
Auf diesem Niedrigseilgarten bieten sich einige Klettermöglichkeiten für Kinder ab ca. 3 Jahren. Unserem Sohn hat es mindestens ge-

nauso gut gefallen wie der großen Schwester, die mit ihren 5 Jahren schon alles alleine gemeistert hat. Für Kinder, die noch nie in einem Hochseilgarten waren, ist es ein guter Einstieg.

Rückweg über weitere Stationen und den Waldspielplatz

Weiter geht es am breiten Flurweg ein Stück geradeaus zum Klanghaus, bei dem Lauschen und Musizieren an den Baumstämmen zum Erlebnis wird. Anschließend kann man der Beschilderung in den Wald folgen. Bei uns war es allerdings (nach einem Regentag) sehr matschig, sodass wir relativ schnell einfach mitten durch den Wald gelaufen sind. Wenn man ab hier direkt den Rückweg antritt, kommt man auf eine Gesamtlänge von ca. 3,5 Kilometer.

Alternativ kann man auch noch einen Abstecher zum Waldspielplatz machen oder noch den Wald erforschen. Nach dem Klanghaus folgen noch ein paar Stationen wie ein Baumtelefon, Baumwurzeln, Jahresringe zählen oder der Waldsee sowie ein Feuchtbiotop. Wenn man diese längere Runde wählt, kommt man auf rund 6 Kilometer Gesamtlänge.

Highlight
Östlich von Nürnberg kann man einen gemütlichen Erlebnispfad mit einem Niedrigseilgarten verbinden: das ist vor allem für Kinder von ca. 3 bis 6 Jahren sehr interessant.

Tipp: Wie immer die Entscheidung ausfällt, sollte man sich am breiten Flurweg orientieren, der einen immer wieder zum Waldhaus zurück führt.

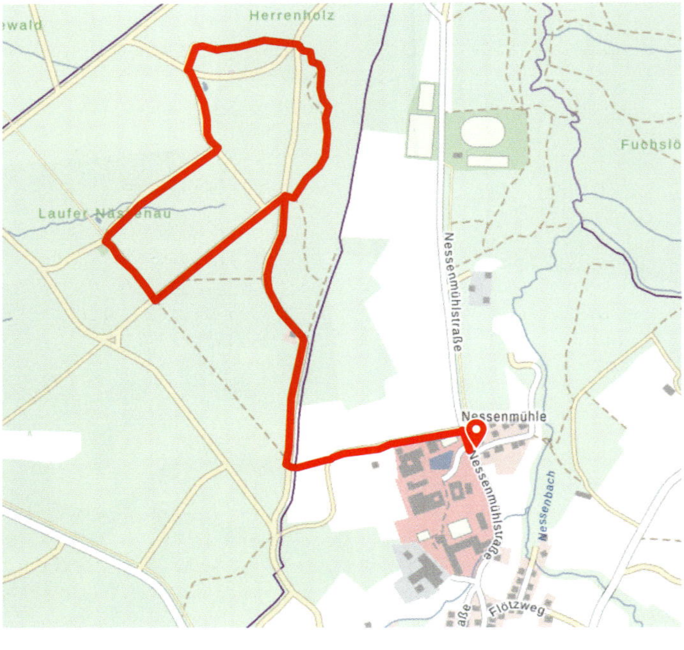

14 Fuchsau-Rundweg Kühnhofen

Durch eine Idee während des Lockdowns 2020 entstand in kurzer Zeit der Fuchsau-Rundweg in Kühnhofen, der im Juli 2021 eröffnet wurde. Auf knapp vier Kilometer kann man mit der Familie an Feldern und durch den Wald laufen und einiges entdecken.

4 km | 140 m | 2 Stunden | einfach

91217 Hersbruck, Fuchsau 176

Ideales Wetter: trockenes und beständiges Wetter
Sonne/Schatten: an den Feldwegen sonnig, im Wald sehr schattig
Wegbeschaffenheit: Feldwege, geteerte Wege und viele Waldwege
Jahreszeit/Klima: von Frühjahr bis Herbst kann der Rundweg begangen werden; im Winter wird er abgebaut
Alter: ab ca. 4 Jahren, da etwas Geduld und Fantasie gefragt ist
Kinderwagen/Laufrad: ja, ist uneingeschränkt möglich
Spielen und Toben: die Natur selbst steht hier im Mittelpunkt
Besonderheit: Rundweg mit einer Murmelbahn als Highlight
Einkehrmöglichkeiten: im Ortsteil Kühnhofen kann man im Landhotel Grüner Baum einkehren
Parken: viele Parkmöglichkeiten gibt es am Gasthaus „Fuchsau", wenige auch im Ort neben dem Landhotel Grüner Baum
Anfahrt: über die A9 Kreuz Lauf / Hersbruck und dann B14 Hersbruck

Streckenverlauf des Fuchsau-Rundweges

Die Wanderung kann man am Parkplatz des Gasthauses „Fuchsau" starten und dann bei Station 7 einsteigen oder am kleinen Dorfplatz in Kühnhofen, wo auch wir begonnen haben. Man folgt dem Wegweiser des Fuchses. Die Idee und grafische Darstellung des Weges ist gut gelungen und perfekt für Kinder.

Zu Beginn beider Startmöglichkeiten kann man sich einen Flyer nehmen, der aus meiner Sicht ein echter Mehrwert ist, da er toll gestaltet und ausführlich beschrieben ist. Nach rund 500 m erreicht man dann die ersten Stationen, wo man dem Bach lauschen kann oder einen Baumstumpf auf Zahnabdrücke des Bibers untersuchen kann. Anschließend läuft man rechts auf einer, je nach Besuchszeit durchaus befahrenen Straße entlang zu den Weihern und dem Gasthaus „Fuchsau“. An einer Station hat man die Möglichkeit Vogelstimmen zu lauschen, die man zudem mit online verfügbaren Tönen vergleichen kann. Auch die Idee im Flyer mit einem Sing- und Laufspiel ist nett, um die Zeit zu überbrücken.

Der Abschnitt nach dem Gasthaus, der auf einem recht eingewachsenen Waldweg etwas bergauf führt, ist ein paar hundert Meter lang. Dann warten wieder einige Stationen auf die Kinder, wie z. B. Bäume umarmen, einen großen, zweiten Holzschuh suchen oder Jahresringe auf Baumstämmen zählen.

Das Highlight des Weges ist dann der folgende Platz auf einer Lichtung: Hier kann man auf einer Baumschaukel mit Blick auf Unterkrumbach Platz nehmen kann. Auf der schönen Murmelbahn nebenan kann man dann dort zur Verfügung stehende Murmeln in verschiedenen Größen nach unten kullern lassen. Wichtig: die Murmeln auf jeden Fall vor Ort zurücklassen, um auch den nachfolgenden Besuchern noch Freude zu bereiten!

Der Weg ist nun schon fast zu Ende und führt an einem „Hutanger“ vorbei, wo Kühe gehütet werden. Kinder können mit bereitgestellten Schaufeln und Besen Futter zum Fressgitter schieben; Aber Vorsicht vor dem elektrischen Zaun! Als Erinnerungsfoto eignet sich eine gebogene Eiche mit Fuchs-Aufsteller, an der man Platz nehmen kann.

Highlight
Der Fuchsau-Rundweg bei Hersbruck wurde erst im Sommer 2021 eröffnet und ist ein schöner Weg für Familien mit etwas Abwechslung wie vor allem durch eine kleine Murmelbahn.

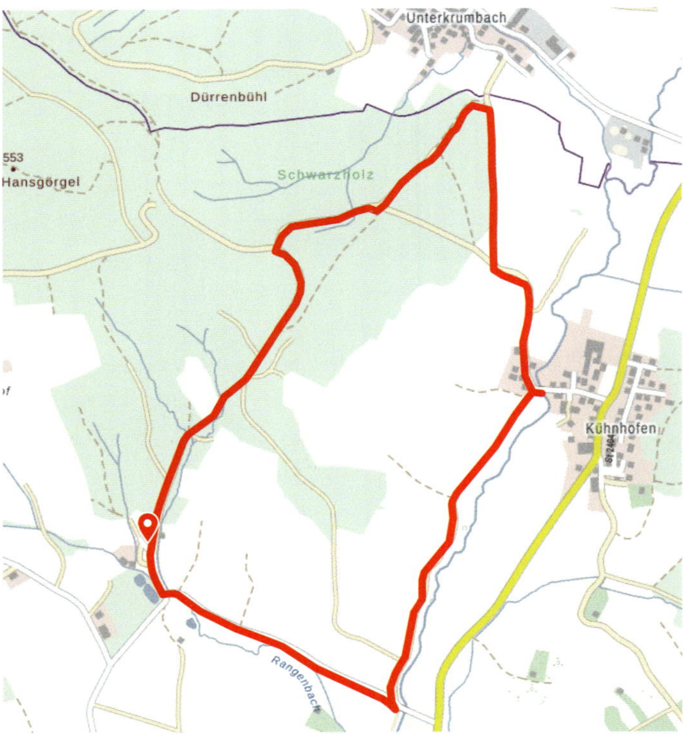

15 Löwengrube Altdorf

Habt ihr Lust auf eine spannende und variable Wanderung zwischen fünf und zehn Kilometer in Altdorf? Auf einem Teil des Wallenstein-Rundweges kommt man an der Löwengrube, einer ehemaligen Kegelbahn und der Teufelsgrube oder Teufelsschlucht vorbei.

4,5-10 km | 140 m | 2-3 Stunden | mittel

90518 Altdorf, Weidentalsstraße

Ideales Wetter: trockenes Wetter; nach Regen sehr rutschig und matschig
Sonne/Schatten: die Wege sind teils unter freiem Himmel, teils geht es durch schattige Wälder
Wegbeschaffenheit: Wald- und Forstwege sowie asphaltierte Streckenabschnitte
Jahreszeit/Klima: von Frühjahr bis Herbst gut begehbar
Alter: ab ca. 3,5 Jahren und für Kinder, die gerne laufen
Kinderwagen/Laufrad: für die beschriebene Route nicht möglich
Spielen und Toben: den Felsenkeller mit einer Taschenlampe entdecken und die umliegende Natur genießen
Noch mehr Spaß: im Sommer z. B. mit einer Abkühlung am Happurger Stausee oder ein Ausflug nach Neumarkt in der Oberpfalz, wo neben einer schönen Altstadt auch die Burgruine Wolfstein zu finden ist
Einkehrmöglichkeiten: in Altdorf selbst
Parken: am Wochenende in den Parkbuchten an der Weidentalstraße
Anfahrt: über die A3 Ausfahrt Altdorf/Burgthann

Hintergrundwissen zur Löwengrube

Im 16. Jahrhundert befand sich in diesem Areal ein Steinbruch, bevor Altdorfer Studenten Ende des 17. Jahrhunderts den künstlich angelegten Felsenkeller und die Felsengalerie (= Kegelbahn) für sich entdeckt haben. Den Felsenkeller kann man mit einer guten Taschenlampe betreten, was wirklich imposant und ein großer Spaß für Kinder ist.

Streckenverlauf für eine kürzere und eine längere Route
Beide Wanderstrecken starten im südlichen Altdorf. Zunächst läuft man direkt an der Landstraße „Mühlweg" Richtung Prackenfels. Wenn man unter der Autobahn A6 durch ist, geht es gleich scharf links den Berg hoch und die Strecke wird schöner. An Flurwegen entlang schlängelt sie sich rechts ins Tal hinunter und bietet Kindern eine tolle Möglichkeit für Kinder zum Austoben und Rennen.

Etwas versteckt, aber immer der Beschilderung mit dem Weg Nr. 3 (eine weiße 3 auf grünem Grund) nach, kommt man schließlich nach ein paar Stufen direkt zur Löwengrube. Hier kann man sich erst einmal mit seiner Taschenlampe in den Felsenkeller wagen, bevor man durch die ehemalige Kegelbahn die Gänge entlang schlüpft. Erlaubt den Kindern, in diesem Bereich ausreichend Zeit zu verbringen, denn das ist die einzige Höhle!

An der nächsten Abzweigung haben wir den Weg rechts Richtung Prethalmühle und Prackenfels gewählt und kamen am kleinen Auer'schen Bierkeller vorbei, in dem gelegentliche Kunstaustellungen stattfinden. Unsere Kinder folgten zugleich den Geräuschen von

Schafen, die auf einer großen Wiese grasen durften.

Highlight
Mit einer Taschenlampe im Gepäck kann ein alter Felsenkeller besucht werden. Aber auch eine ehemalige Kegelbahn und die vielseitige Natur machen diesen Teil des Wallenstein Rundwegs zu einem besonderen Ausflugsziel.

Die Prethalmühle, eine bereits im 14. Jahrhundert erwähnte Mehl- und Sägemühle, wird umrundet und man hält sich auf dem Weg Richtung Brücke und zur ehemaligen Jugendherberge. Dort trennen sich dann die Wege für die geübteren Kinder, die gerne mehr laufen möchten, und für diejenigen, die lieber eine kleinere Runde wählen. Beide sind im Folgenden noch beschrieben.

Die kürzere Route von ca. 4,5 km zur Löwengrube, Prethalmühle und Teufelshöhle

An der Brücke hält man sich rechts und folgt dem Berg nach oben an dem ehemaligen Schullandheim vorbei. Der Weg führt hier einige Meter direkt an der Straße entlang, die aber sehr eng und dadurch kaum befahren ist. Fast am Ortsrand oben angekommen, folgt

man schließlich rechter Hand einem kleinen Waldweg. Es ist ein richtig romantischer Weg, bei dem man aber auch auf kleinere Kinder aufpassen sollte, um v. a. bei Nässe nicht abzurutschen.

Etwas vergeblich habe ich dann den Eingang zur Teufelshöhle gesucht, die man von diesem Weg aber schon gut auf der anderen Seite des kleinen Tals erkennen kann. Hierfür muss man allerdings eine spätere Abzweigung wählen. So folgt man erst ein paar Stufen nach unten und oben, um schließlich an einem Flurweg an der Wiese auf die Autobahn zuzulaufen. Wenn ihr diesem Weg weiter lauft und etwas später direkt unter der Autobahnbrücke steht, zweigt rechts der Weg zur Teufelshöhle ab, die man aber meines Wissens innen nicht besichtigen kann. Wir haben aufgrund von Hagel und Regenschauern dann den direkten Weg zum Auto gewählt.

Der längere Wallenstein-Rundweg von rund 10 km
Wer Lust auf eine längere und noch vielseitigere Tour hat, folgt dem beschilderten Wallenstein-Rundweg, der nach der Jugendherberge links verläuft. Nach etwa 1,5 km erreicht man über schöne Feldwege den kleinen Ort Grünsberg. Während man einen tollen Blick auf die Burg Grünsberg hat, kommt man am Ende des Ortes auch schon zu den Ausläufern der Teufelsschlucht.

Am Ende der Teufelsschlucht führt dann der beschilderte Weg Nr. 4 zurück nach Altdorf, ebenfalls kurz unter der Autobahn A6 hindurch in das südliche Gewerbegebiet.

THERA

Spielplätze

1 Mehrgenerationenspielplatz Winkelhaid

Dieses Spielareal wurde erst 2020 eröffnet und bietet vielen Generationen einen großartigen Ort zum Verweilen. Besonders die Kletterelemente haben unseren Kindern hervorragend gefallen: Für Ältere lädt der Volleyballplatz oder Basketballkorb zu einem Spiel ein.

★★★★☆ Erlebnisfaktor 4 von 5

90610 Winkelhaid, Reicherzaunstraße

Lage: nordöstlich und durch einen Wald von der Autobahn A3 getrennt
Größe: groß, ca. 3.500 Quadratmeter
Alter: ab ca. 2 Jahren im Sand, aber vor allem ab ca. 4 Jahren bis zum Jugendalter
Was zeichnet den Spielplatz aus: spannende Kletterelemente, Schaukeln, Rutschen oder auch der Volleyballplatz
Sonne/Schatten: der Spielplatz liegt weitgehend ungeschützt, wobei über dem Kleinkindbereich ein Sonnensegel gespannt ist
Boden: viel Sand, Hackschnitzel und etwas Gras
Wasserbereich: kein Wasserbereich vorhanden
Sitzgelegenheiten: es gibt Bänke und einen überdachten Pavillon
Verpflegung: ca. 300 m entfernt am Kreisverkehr gibt es zwei Supermärkte
Toiletten: öffentliche (barrierefreie) Toilette vorhanden
Parken: direkt davor sind ein paar Parkplätze, ansonsten an der Straße

Durch die frühe Einbindung der Bürger in der ersten Planungsphase entstand am nordöstlichen Rand von Winkelhaid ein großartiges Freizeitareal. Hier gibt es nicht nur Trimm- und Trainingsgeräte, sondern auch zahlreiche Sitz- und Verweilmöglichkeiten sowie eine große Wiesenfläche. Während Kleinkinder im Sand buddeln können, freuen sich größere Kinder über herausfordernde Kletter- und Balancierpfade. Da der Spielplatz größtenteils umzäunt bzw. von Bäumen umgeben ist, habt ihr eure Kinder immer gut im Blick.

Tipp: Wenn ihr in einer größeren Gruppe kommt oder ältere Kinder dabei sind, packt einen Volleyball und / oder Basketball ein, denn hier findet ihr einen entsprechenden Platz.

Ausstattung

- großes Holz-Kletterelement
- viele Balancierelemente
- Rutschen
- Schaukeln
- Bodentrampoline
- Seilbahn
- angrenzender Volleyballplatz und Basketballkorb

Ausflugsziele und Wanderwege in der näheren Umgebung

- Wanderung zur Löwengrube in Altdorf (siehe Wanderungen Nr. 15, Seite 73), Entfernung: 6 Kilometer
- Ausflug zur Burg Burgthann (siehe Burgen Nr. 5 Seite 246), Entfernung: 7 Kilometer
- Wanderung zur Schwarzachklamm (siehe Wanderungen Nr. 1, Seite 10), Entfernung: 10 Kilometer

2 Waldspielplatz Bienengarten Feucht

Südöstlich von Nürnberg finden Familien in Feucht diesen Spielplatz, der sinnvoll nach verschiedenen Altersstufen unterteilt und wunderschön im Wald gelegen ist.

★★★★★ Erlebnisfaktor 5 von 5

90475 Feucht, Am Reichswald 48

Lage: im Norden der Stadt am Waldrand des Feuchter Forstes
Größe: groß, ca. 3.500 Quadratmeter
Alter: ab ca. 1 Jahr im Sandbereich bis hin zu einer großen Rutsche für (Vor-)Schulkinder
Was zeichnet den Spielplatz aus: klettern, rutschen, schaukeln oder im Sandkasten spielen: für alle Altersklassen ist hier etwas zu finden
Sonne/Schatten: durch die Lage fast durchgehend geschützte und schattige Bereiche
Boden: Waldboden, Holzschnitzel, Sand und etwas Gras
Wasserbereich: kein Wasserbereich vorhanden
Sitzgelegenheiten: viele Sitz- und Tischgruppen
Verpflegung: in Feucht gibt es neben Bäckereien / Cafés auch Eisdielen oder Restaurants für jeden Geschmack
Toiletten: keine öffentlichen Toiletten
Parken: kurz vor Ende der Straße „Am Reichswald" sind einige Parkbuchten

2014 wurde der sogenannte Bienengarten eröffnet und lockt seitdem viele kleine und größere Besucher nach Feucht. Angelehnt an die nützlichen Tiere kann man zum Beispiel auf Bienen wippen, in Vogelnestern schaukeln oder ganz viel klettern. Für Krabbelkinder und erste Gehversuche ist der Sandbereich einladend, wo auch eine kleine Rutsche direkt in den Sand führt. Die älteren Kinder können währenddessen durch eine Holzhöhle den Weg zur mittleren Rutsche suchen oder durch ein Netz und über Balken zur

größeren Röhrenrutsche gelangen. Verschiedene Schaukeln runden das Angebot am Waldspielplatz ab.

Tipp: Sandspielzeug wird hier in einer Box zur Verfügung gestellt, bitte auch für die nächsten Besucher zurücklassen.

Ausstattung

- riesiger Kletterturm mit großer Röhrenrutsche ab ca. 5 Jahren
- zwei weitere Rutschen für kleinere Kinder
- Schaukeln, Kleinkind- und Nestschaukel
- Balanciergeräte und eine Balance-Wippe
- großer Sandbereich für Kleinkinder mit Sandspielzeug
- angrenzender Bolzplatz für ältere Kinder

Ausflugsziele und Wanderwege in der näheren Umgebung

- Wanderung zur Schwarzachklamm (siehe Wanderungen Nr. 1, Seite 10), Entfernung: 3 Kilometer
- Wanderung zur Löwengrube in Altdorf (siehe Wanderungen Nr. 15, Seite 73), Entfernung: 12 Kilometer
- Kletterwald Straßmühle (siehe Klettergärten Nr. 1, Seite 194), Entfernung 16 Kilometer

3 Waldspielplatz Schwarzenbruck

Die Gemeinde Schwarzenbruck südöstlich von Nürnberg ist vor allem für die Sandsteinhöhlen und Wanderwege am Fluss bekannt. Wer sich mit Kindern in diese Region aufmacht, kann einen tollen Zwischenstopp auf diesem Spielplatz einlegen.

★★★☆☆ Erlebnisfaktor 3 von 5

90592 Schwarzenbruck, Gufidauner Str. 10

Lage: zwischen Waldrand und einer neuen KiTa gelegen und unweit der Schwarzachklamm
Größe: klein, ca. 280 Quadratmeter
Alter: ab ca. 2,5 Jahren, da manche Spielgeräte noch höher sind
Was zeichnet den Spielplatz aus:
2019 neu eröffnet mit Spielelementen, die vor allem geübten Kletterern Spaß machen
Sonne/Schatten: sehr sonnig mit gelegentlichem Schatten durch die umliegenden Bäume
Boden: Sand mit Waldwegen außerhalb des Geländes
Wasserbereich: nicht vorhanden
Sitzgelegenheiten: ausreichend Sitzgruppen mit Tischen
Verpflegung: selbst mitzubringen
Toiletten: keine öffentlichen Toiletten
Parken: an der Gufidauner Straße; der Weg führt über einen Weg oberhalb der neu gebauten KiTa sowie an schmalen Wegen links oder rechts vom Gelände herum zum Spielplatz

Wir haben diesen Spielplatz schon öfter nach einem Besuch an der Klamm oder bei einer Fahrradtour aufgesucht. Der durchgehende Sandboden lässt ein wenig Urlaubsflair aufkommen; Als Erwachsene finde ich außerdem die Lage mit Blick auf den Wald und auf die architektonisch ansprechende KiTa sehr schön. Die Kinder erfreuen sich an den Drehtellern und Schaukeln sowie vor allem dem großen Spielelement, bei dem man sich mit einer Gondel-

bahn von einer zur anderen Seite ziehen kann. Ein aufgeschütteter Erdhügel lädt zudem zum Toben und auch Verstecken ein.

Tipp: Der Waldspielplatz lässt sich mit einer Wanderung durch die Schwarzachklamm und einem alternativen Rückweg zum Biergarten Brückkanal verbinden.

Ausstattung

- großes Spielelement mit Gondelbahn, Brücke und Kletterturm
- Rutsche
- zwei normale und eine Kleinkindschaukel
- niedrigeres Kletterelement für Kindergartenkinder
- Drehteller
- Klimmzugstangen und Tischtennisplatte für größere Kinder

Ausflugsziele und Wanderwege in der näheren Umgebung

- Wanderung zur Schwarzachklamm (siehe Wanderungen Nr. 1, Seite 10), Entfernung zur Schwarzach: 400 Meter)
- Wanderung zur Löwengrube in Altdorf (siehe Wanderungen Nr. 15, Seite 73), Entfernung: 11 Kilometer
- Kletterwald Straßmühle (siehe Klettergärten Nr. 1, Seite 194), Entfernung 14 Kilometer

4 Generationenpark Wendelstein

Etwas südlich von Nürnberg findet man in der Gemeinde Wendelstein den Generationenpark, einen sehr großen aber übersichtlichen Spielplatz. Für Kinder jeden Alters ist hier viel Abwechslung geboten, für die Eltern sorgt die Umzäunung für einen entspannten Spielplatzbesuch.

★★★★★ Erlebnisfaktor 5 von 5

90530 Wendelstein, Am Schießhaus 2

Lage: in Wendelstein nahe dem TSV Wendelstein
Größe: groß, ca. 3.200 Quadratmeter
Alter: ab ca. 1 Jahr im Kleinkindbereich bis hin zum großen Turm im Schulalter
Was zeichnet den Spielplatz aus: eingezäunter Spielplatz mit Elementen für alle Altersstufen
Sonne/Schatten: überwiegend sonnig mit gelegentlichem Schatten durch die Bäume
Boden: viel Kies, etwas Gras und Sand
Wasserbereich: nicht vorhanden
Sitzgelegenheiten: eine überdachte Sitzgruppe und weitere Bänke verteilt im Areal
Verpflegung: „Das Schnitzelparadies" befindet sich fast neben dem Spielplatz, im Altort sind zwei Bäckereien mit Cafés oder Eisdielen gut erreichbar
Toiletten: öffentliche Toiletten mit barrierefreiem Zugang
Parken: direkt vor dem Spielplatz stehen ausreichend Parkbuchten zur Verfügung

Buddeln und ein daneben liegendes kleines Kletterelement mit Rutsche zum Spielen ein. Kindergartenkinder erfreuen sich an der Wackelbrücke mit Gummimatte, eine der Schaukeln oder Wippen. Für (Vor-)Schulkinder ist die Seilbahn und der große Kletterturm mit Röhrenrutsche faszinierend – bei letzterem sollte zu Beginn ein Erwachsener dabei sein, da der Weg zur Rutsche auf über 1,50 m Höhe liegt. Und Erwachsene bzw. Senioren können ihre Beweglichkeit an vier Stationen trainieren.

Tipp: Wendelstein lockt z. B. über den Ludwig-Donau-Main-Kanal viele Fahrradfahrer an. Durch die Lage unweit zur Autobahn A6, A73 und A9, bietet sich dieser Spielplatz aber auch für Urlaubsreisende für einen Zwischenstopp an.

Ausstattung

- großer Kletterturm mit Röhrenrutsche für Kinder ab ca. 5 Jahren
- Seilbahn
- Wackelbrücke mit Gummimatte
- Element mit zwei Reifen- und zwei normalen Schaukeln
- großer Sandkasten und kleiner Kletterturm für Kleinkinder
- hohes Kletternetz
- verschiedene Wippen
- Slacklines
- Bewegungsgeräte für Erwachsene

Ausflugsziele und Wanderwege in der näheren Umgebung

- Wanderung zum Wernloch und Walderlebnispfad in Wendelstein (siehe Wanderungen Nr. 2, Seite 14), Entfernung: 2 Kilometer
- Wanderung zur Schwarzachklamm (siehe Wanderungen Nr. 1, Seite 10), Entfernung: 8 Kilometer
- Kletterwald Straßmühle (siehe Klettergärten Nr. 1, Seite 194), Entfernung 10 Kilometer

5 Waldspielplatz und Niedrigseilgarten am Steinbrüchlein

Im südlichen Stadtgebiet Nürnberg versteckt sich ein Areal, das nicht nur aufgrund eines Biergartens beliebt ist. Auch der Waldspielplatz und der angrenzende Niedrigseilgarten bieten für abenteuerlustige Kinder viel Spaß in der Natur.

★★★★☆ Erlebnisfaktor 4 von 5

90455 Nürnberg, Am Steinbrüchlein 20

Lage: nahe der Autobahn A73 im Reichswald
Größe: mittelgroß, ca. 800 Quadratmeter Spielplatz plus ca. 150 Quadratmeter Niedrigseilgarten
Alter: ab ca. 2 Jahren
Was zeichnet den Spielplatz aus: toll in die Natur eingebettet und in Kombination mit der Umgebung empfehlenswert
Sonne/Schatten: durch die umliegenden Bäume schattig
Boden: viel Kies, etwas Gras und Sand
Wasserbereich: nicht vorhanden
Sitzgelegenheiten: eine überdachte Sitzgruppe und weitere Bänke verteilt im Areal
Verpflegung: der Biergarten „Steinbrüchlein" (auch mit Sitzplätzen innen) liegt nur wenige Meter entfernt und ist Dienstag bis Sonntag ab 10 Uhr geöffnet
Toiletten: die nächsten Toiletten befinden sich im Biergarten
Parken: direkt vor dem Spielplatz stehen ausreichend Parkbuchten zur Verfügung

Die ehemaligen Siedlung für Arbeiter im Reichswald, die bereits 1302 erstmals urkundlich erwähnt wurde, ist heute ein beliebtes Ausflugsziel für Fahrradfahrer und Spaziergänger im Wald. Den eher kleineren Spielplatz findet man direkt nach dem Parkplatz am Rande des Waldes. Der Niedrigseilgarten – weshalb sich ein Besuch auf alle Fälle lohnt – liegt nur einige Meter dahinter.

Tipp: Vom Spielplatz aus kommend kann man in alle Richtungen laufen, den Steinbruch erkunden oder einfach nur die vielen Facetten des Waldes auf sich wirken lassen.

Ausstattung

- Rutschturm
- Wackelbrücke mit Gummimatte
- Kleinkind-, normale und Nestschaukel
- interaktive Vogellehrtafel, an der Vogelstimmen erraten und abgespielt werden können
- angrenzender Niedrigseilgarten für Kinder ab ca. 4 Jahren mit einem tollen Parcours, bei dem Eltern mitlaufen und Hilfe leisten können

Ausflugsziele und Wanderwege in der näheren Umgebung

- Wanderung durch die angrenzenden Wälder und zum Steinbruch, Entfernung: 200 Meter
- Wanderung zum Wernloch und Walderlebnispfad in Wendelstein (siehe Wanderungen Nr. 2, Seite 14), Entfernung: 6 Kilometer
- Valznerweiher Walderlebnispfad (siehe Wanderungen Nr. 3, Seite 19), Entfernung: 8 Kilometer

6 Spielplatz Försterwiese Hilpoltstein

Mitten in der historischen Altstadt auf einer großen Wiese liegt ein weiterer großartiger Spielplatz im Fränkischen Seenland. Ob ihr ihn als Teil des Familienerlebnispfades besucht oder als eigenes Ausflugsziel: Ihr werdet nicht enttäuscht sein.

★★★★☆ Erlebnisfaktor 4 von 5

91161 Hilpoltstein, Sankt-Georgen-Weg 1

Lage: iim Zentrum von Hilpoltstein eingezäunt von einer Wiese
Größe: mittelgroß, ca. 1.000 Quadratmeter
Alter: ab ca. 2 Jahren, wobei es mehr Vielfalt für Kinder ab ca. dem Vorschulalter gibt
Was zeichnet den Spielplatz aus: die Lage mitten in Hilpoltstein, wo man seine Ausflugsziele beliebig erweitern kann
Sonne/Schatten:durch umliegende Bäume teils schattig, aber größtenteils sonnig
Boden: Sand, feiner Kies und Grasn
Wasserbereich: kein Wasserbereich vorhanden, aber ein kleiner Wasserlaufn
Sitzgelegenheiten: wenige vorhanden
Verpflegung: im Ort gibt es Cafés, Bäckereien und Gasthäuser
Toiletten: öffentliche Toiletten vorhanden
Parken: Parkplätze gibt es z.B. an der Zwingerstraße oder an der Johann-Friedrich-Straße

Dieser Spielbereich im Herzen von Hilpoltstein ist Teil des Grünzugs Försterwiese, der Erholung, Spiel und Bewegungsflächen bietet. Er zeichnet sich durch die Verwendung von Robinienholz aus, die sich z.B. in Stämmen, Plattformen und Hütten finden. Verschiedene Altersstufen werden durch die geschickte Höhenstaffelung angesprochen.

Tipp: Für einen gelungenen Tag verbindet euren Besuch unbedingt mit einem der erwähnten Ausflugsziele in der näheren Um-

gebung wie z.B. dem Erlebnisbauernhof Aufhof oder einem Abstecher zum Rothsee.

Ausstattung

- hoher Kletterturm mit Wellenrutsche
- niedrigeres Spielelement mit Rutsche
- Kleinkindelement mit Minirutsche und Röhre
- Sandbereich mit Sandeimer, -aufzug, -schütte
- mehrere Schaukeln
- Wippe
- Kletterpfähle

Ausflugsziele und Wanderwege in der näheren Umgebung

- Teil des Familienerlebnispfad Hilpoltstein (siehe Wanderungen Nr. 4, Seite 23), Entfernung: 0 Kilometer
- Freibad Hilpoltstein, Entfernung: 1 km
- Erlebnisbauernhof Auhof (siehe Tierische Erlebnisse Nr. 4, Seite 172), Entfernung 2 km
- Naherholungsgebiet Rothsee, Entfernung 6 km

7 Spielplätze Birkach und Grashof am Rothsee

Seit Oktober 2024 können Kinder sich über zwei neu gestaltete Spielplätze am Rothsee freuen. Da sie in Sichtweite und nur 1 km entfernt voneinander liegen, lohnt sich ein Besuch beider Spielareale, kombiniert mit einer Wanderung am Rothsee.

★★★★☆ Erlebnisfaktor 4 von 5

91154 Roth, Birkacher Uferweg

Lage: nördlich und südlich am Rothseeufer gelegen, getrennt durch die Rothsee-Vorsperre
Größe: klein, ca. 410 und 150 Quadratmeter
Alter: ab ca. 2 Jahren
Was zeichnet den Spielplatz aus: die fantastische Kulisse inmitten eines vielseitigen Naherholungsgebietes
Sonne/Schatten: die Spielplätze liegen weitgehend ungeschützt, Sonnensegel sind aber noch geplant
Boden: überwiegend Sand
Wasserbereich: etwas in die Buddelelemente im Sandbereich integriert und direkt am See gelegen
Sitzgelegenheiten: direkt an den Spielplätzen werdenneue Sitzmöglichkeiten geschaffen
Verpflegung: Strandhaus Birkach am Nordufer oder Strandhaus Grashof am Südufer
Toiletten: Toiletten gibt es in beiden Strand-Gasthäusern
Parken: aan einem der öffentlichen und im Sommer kostenpflichtigen Parkplätze, z. B. P5 auf der Nordseite des Sees oder P2 auf der Südseite

Ende 2024 wurden am Rothsee auf Höhe der Vorsperre, wo man auch den See überqueren kann, zwei Spielplätze komplett erneuert. Am Nordufer gibt es bereits für Kleinkinder viel zu erleben mit Buddelmöglichkeiten und kleinem Spielturm. Aber auch für ältere Kinder ist viel geboten an einem hohen Spielturm, Schaukeln und einer Seilbahn. Dieser Spielplatz trägt auch den Titel „Herr der Elemente“ und vereint Erde, Feuer, Luft und Wasser.

Wer über den See blickt, entdeckt auch schon den zweiten komplett erneuerten Spielplatz auf Höhe des Strandhauses Grashof. Dort stechen vorwiegend die Kletterelemente ins Auge, aber auch eine Nestschaukel und Rutsche sind vorhanden.

Tipp: Wer die Möglichkeit hat, mit dem Fahrrad anzureisen oder Lust auf eine längere Runde hat, kann auch noch den südlichen Spielplatz Rothsee Richtung Hilpoltstein besuchen. Oder nur die schöne Gegend und Aussicht genießen.

Ausstattung

- 7,50 Meter hoher Spielturm mit Rutsche
- Schaukeln und Nestschaukeln
- Seilbahn
- Buddel- und Matschbereiche
- Integrationswippe und Sandspiel- und Fühltisch für Kinder mit Sehbeeinträchtigung
- Wippen
- Kletterelement

Ausflugsziele und Wanderwege in der näheren Umgebung

- der Rothsee, Entfernung: 50 Meter
- Wanderung zum Familienerlebnispfad Hilpoltstein (siehe Wanderungen Nr. 4, Seite 23), Entfernung: 3 Kilometer
- Erlebnisbauernhof Auhof Hilpoltstein (siehe Tierische Erlebnisse Nr. 4, Seite 172), Entfernung: 7 Kilometer
- Klettergarten „Straßmühle“ (siehe Klettergärten Nr. 1, Seite 194), Entfernung: 10 Kilometer

8 Piratenspielplatz am Brombachsee in Allmannsdorf

Am Nordostufer des Brombachsees liegt ein großes Piratenschiff, das von kleinen und größeren Kindern bespielt werden kann. Er eignet sich perfekt als Zwischenstopp für einen längeren Ausflug in der Region.

★★★★☆ Erlebnisfaktor 4 von 5

91785 Pleinfeld, Allmannsdorf 40

Lage: am nordöstlichen Ufer des Brombachsees im Fränkischen Seenland
Größe: klein, ca. 400 Quadratmeter
Alter: ab ca. 1 Jahr
Was zeichnet den Spielplatz aus: vom mit einem Segel geschützten Kleinkindbereich bis zu einem Piratenschiff für größere Kinder ist hier Abwechslung vor toller Kulisse geboten
Sonne/Schatten: der Kleinkindbereich ist überdacht, das Schiff selbst nicht
Boden: Sand und etwas Gras
Wasserbereich: nein, aber der See ist nur einen Katzensprung entfernt
Sitzgelegenheiten: verteilt um den Spielbereich gibt es einige Sitzbänke
Verpflegung: in unmittelbarer Nähe liegt das Seezentrum mit einer Gastwirtschaft
Toiletten: am Seezentrum
Parken: am öffentlichen und kostenpflichtigen Parkplatz „Badestrand Allmannsdorf"

Im Fränkischen Seenland gibt es zahlreiche Aktivitäten und Ausflugsziele für die Familie. Oft waren wir schon in der Gegend und haben diesen Spielplatz als Zwischenstopp eingeplant. Die Anlegestelle der MS Brombachsee, die von April bis Oktober Schifffahrten auf dem Trimaran anbietet, liegt nur wenige Meter entfernt. Außerdem kann man sich in Allmannsdorf Rikscha, Fahrrad oder Tretboot ausleihen. Manchmal steht auch ein Bungee-Trampolin zur Verfügung und 2021 wurde außerdem ein Riesenrad aufgestellt.

Tipp: An einem warmen Tag kommen, Badesachen nicht vergessen und den Brombachsee in Ruhe genießen.

Ausstattung

- großes Piratenschiff aus Holz mit vielen Kletterelementen und Rutschen
- einige Holzelemente mit Höhlen und Tipis
- Hängebrücke
- Kletterwand, Strickleiter und Seile
- Kleinkindbereich mit einem kleinen Ruderboot

Ausflugsziele und Wanderwege in der näheren Umgebung

- Sandbockelweg in Pleinfeld (siehe Wanderungen Nr. 5, Seite 28), Entfernung: 5 Kilometer
- Abenteuerwald „Klettergarten“ Enderndorf (siehe Klettergärten Nr. 2, Seite 196), Entfernung: 8 Kilometer
- Spalter Barfußweg, Entfernung: 8 Kilometer
- Fürst Carl Sommerrodelbahn und Minigolf in Pleinfeld, Entfernung: 9 Kilometer

9 Mühlenspielplatz am Brombachsee in Enderndorf

Am Nordwestufer des Brombachsees finden sich Besucher inmitten des Mühlenspielplatzes wieder, wo man richtig viel entdecken kann. Im Sommer 2020 wurde er neu umgestaltet und deutlich erweitert.

★★★★★ Erlebnisfaktor 5 von 5

91774 Spalt-Enderndorf, Zum Hafen

Lage: am nordwestlichen Ufer des Brombachsees im Fränkischen Seenland
Größe: groß, ca. 1.700 Quadratmeter
Alter: ab ca. 1 Jahr
Was zeichnet den Spielplatz aus: 2020 komplett erweitert, toll gelegen und auch zum Teil für Rollstuhlfahrer geeignet
Sonne/Schatten: es gibt einige Sonnensegel, der Spielplatz ist aber überwiegend sonnig
Boden: Sand und etwas Gras
Wasserbereich: neben einem kleinen Wasserlauf am Spielplatz lädt außerdem der See selbst zur Erfrischung ein
Sitzgelegenheiten: nach wenigen Metern kann man im Restaurant „Zum Hochreiter" außen auf der Sonnenterrasse oder innen Platz nehmen
Verpflegung: nach wenigen Metern kann man im Restaurant „Zum Hochreiter" außen auf der Sonnenterrasse oder innen Platz nehmen
Toiletten: am Seezentrum Enderndorf
Parken: am öffentlichen und kostenpflichtigen Parkplatz „Enderndorf", dem südlicheren der beiden in der Straße „Am Segelhafen"

Der Reiz der regionalen Besonderheiten, der im vorangehenden Piratenspielplatz in Enderndorf erwähnt wurde, gilt für diese Anlage ebenso. Direkt am See gelegen, können ganz kleine und etwas größere Kinder am Mühlenspielplatz unheimlich viel erleben. Er wurde im Sommer 2020 fast komplett neu umgestaltet. Dabei wurde für die Spielgeräte – die in Unterfranken hergestellt wurden – das langlebige und witterungsbeständige Holz der Robinie verwendet.

Tipp: Unbedingt länger am Brombachsee und in der Umgebung verweilen. An warmen Tagen bietet sich hier die ideale Erfrischung.

Ausstattung

- zentrales Spielelement in Anlehnung an eine Mühle
- Seilbahn
- Rutschtürme
- Schaukeln, Nestschaukel
- Sandbereich
- Bodentrampolin
- Wasserlauf

Ausflugsziele und Wanderwege in der näheren Umgebung

- Abenteuerwald „Klettergarten“ Enderndorf **(siehe Klettergärten Nr. 2, Seite 196)**, Entfernung: 500 Meter
- Spalter Barfußweg, Entfernung: 800 Meter
- Wanderung durch das Schnittlinger Loch **(siehe Wanderungen Nr. 6, Seite 32)**, Entfernung: 6 Kilometer
- Wanderung durch die Massendorfer Schlucht, Entfernung: 8 Kilometer

10 Erlebnisspielplatz am Altmühlsee in Gunzenhausen

Auf einem sehr weitläufigen Areal von rund 1,2 Hektar findet man am Altmühlsee den wohl spannendsten Spielplatz für Klein- und vor allem auch größere Kinder, den es in Mittelfranken gibt. Mit einem Abstecher zum See lässt sich hier ein ganzer Tag verbringen.

★★★★★ Erlebnisfaktor 5 von 5

91710 Gunzenhausen, Seezentrum Wald-Seezentrum Schlungenhof 1

Lage: im Südwesten des Altmühlsees im Fränkischen Seenland
Größe: sehr weitläufiger Spielplatz mit 1,2 ha
Alter: ab Kleinkindalter bis Ende des Grundschulalters
Was zeichnet den Spielplatz aus: die Vielseitigkeit, Weitläufigkeit und Lage des Spielplatzes ist einmalig in Mittelfranken
Sonne/Schatten: sehr sonnig
Boden: Sand, Gras Bodenmatten
Wasserbereich: ja, man kann am Bachlauf planschen
Sitzgelegenheiten: für das eigene Picknick gibt es viele Sitzmöglichkeiten auf Bänken oder einer mitgebrachten Picknickdecke
Verpflegung: ein kleiner Kiosk bietet Getränke, Eis und Kaffee; die Öffnungszeiten variieren. Direkt am Altmühlsee und nur ca. 100 Meter entfernt, sind im „Strandcafé Wald" auch warme Speisen erhältlich
Toiletten: Öffentliche Toiletten am Spielplatz oder im Café am Altmühlsee
Parken: entweder den ersten großen Parkplatz nehmen und etwas laufen, oder mit etwas Glück noch ein Stück weiter rechts Richtung See fahren und direkt dort parken; beide Parkplätze sind vom 1. April bis 31. Oktober kostenpflichtig

Wer Zeit für einen Tagesausflug hat, sollte sich unbedingt auf den Weg zum Altmühlsee machen, den man auf einer Strecke von 13 km auch wunderbar mit dem Fahrrad umrunden kann. Der nur durch einen kleinen Damm vom Altmühlsee getrennte Erlebnisspielplatz bietet für alle Altersstufen jede Menge Spaß. Er hat sich

dem Motto „Römer und Alemannen“ verschrieben, da in nur 500 m Luftlinie der römische Limes verläuft. Kinder und Erwachsene können hier sowohl die Ausgrabungsstätte, das Alemannendorf als auch die Römerstadt erkunden.

Tipp: Bei Sonne an ausreichend Schutz(kleidung) denken, da der Spielplatz nicht schattig liegt.

Ausstattung

- Rutschen für Kinder ab ca. 5 Jahren mit über 10 Meter Höhe
- kleinere Rutschen für Kleinkinder
- Teller-Schaukeln mit entgegengesetzter Wippe
- Hochseilgarten bzw. Wackelbrücke über dem Fluss
- Kletterburgen
- Sandspielbereich für die Kleineren
- Klettergerüste

Ausflugsziele und Wanderwege in der näheren Umgebung

- Hahnenkamm Erlebnispfad in Heidenheim (siehe Wanderungen Nr. 7, Seite 36), Entfernung: 18 Kilometer
- Wanderung durch das Schnittlinger Loch (siehe Wanderungen Nr. 6, Seite 32), Entfernung: 17 Kilometer
- Wanderung durch die Massendorfer Schlucht, Entfernung: 24 Kilometer

11 Erlebnisspielplatz Merkendorf

Der im Jahr 2014 eröffnete Spielplatz trägt auch den Namen „Themen- und Erlebnisspielplatz" und spiegelt die Geschichte der Stadt wider. Kinder können ihre Kreativität entfalten und v. a. Klettern, Schaukeln, Buddeln und Rutschen.

★★★★☆ Erlebnisfaktor 4 von 5

91732 Merkendorf, Ringstraße 2

Lage: im Herzen des Fränkischen Seenlandes
Größe: groß, ca. 2.500 Quadratmeter
Alter: ab dem Kleinkindalter
Was zeichnet den Spielplatz aus: eine kreative Umsetzung von Historie und Spiel- und Klettermöglichkeiten
Sonne/Schatten: überwiegend sonnig
Boden: Sand, Kies und Gras
Wasserbereich: es gibt einen Wasserbereich mit Pumpe und verschiedenen Ebenen
Sitzgelegenheiten: ausreichend Sitzmöglichkeiten vorhanden
Verpflegung: im Ort selbst gibt es Bäckereien oder Gaststätten
Toiletten: es ist ein WC vorhanden
Parken: in den umliegenden Straßen wie z. B. der Hauptstraße oder Ringstraße möglich

Was gibt es Anschaulicheres, als seinen Kindern die Stadtgeschichte anhand eines Spielplatzes näherzubringen? Die Stadt Merkendorf hat das mit ihrem Spielplatz, der unmittelbar neben der historischen Stadtmauer aus dem 14. Jahrhundert und dem Wehrgraben liegt, geschafft. Unterteilt in die drei Viertel Weber- und Gerberviertel sowie Kirche/Bildung können Kinder vor allem klettern, aber sich auch im Sand vergnügen oder rutschen und schaukeln. Auch ein Versteckspiel macht hier viel Freude.

Tipp: In Merkendorf gibt es neben einem Naturbad auch einen Campingplatz. Nach vorheriger Terminvereinbarung kann man

auf dem Erlebnisbauernhof Neuses z.B. reiten, mit Ziegen wandern und den Hof besichtigen.

Ausstattung

- Sand- und Wassermatschbereich für die Jüngsten
- Weitläufige Kletterelemente aus Holz, Stein und Seilen
- Eine längere Hangrutsche
- Schaukeln
- Wippe und Wipptiere
- Spielhäuser

Ausflugsziele und Wanderwege in der näheren Umgebung

- Historisch interessante Stadt des Parzivaldichters Wolframs-Eschenbach, Entfernung 3 km
- Naherholungsgebiet Altmühlsee, Entfernung 11 km
- Wanderung im Schnittlinger Loch (siehe Wanderungen Nr. 6, Seite 32), Entfernung: 22 Kilometer

12 Spielplatz am Moosrangen in Ammerndorf

Den Spielplatz in Ammerndorf besuchen wir sehr gerne, vor allem weil er so schön in der Landschaft eingebettet ist, natürliche Materialien aus der Region verwendet werden und einige Stationen für Klein- und Kindergartenkinder bietet.

★★★★☆ Erlebnisfaktor 4 von 5

90614 Ammerndorf, Am Moosrangen

Lage: im Ort Ammerndorf im Landkreis Fürth
Größe: mittelgroß, ca. 800 Quadratmeter
Alter: ab Kleinkindalter
Was zeichnet den Spielplatz aus: vielseitige Bereiche für kleinere und größere Kinder mit toller Lage, der regelmäßig überprüft wird
Sonne/Schatten: Schatten ist ausreichend vorhanden
Boden: Gras und Sand
Wasserbereich: ja, am (kalten) Bachlauf kann man die Füße erfrischen und durchwaten
Sitzgelegenheiten: es gibt Sitzbänke. Im Sommer sitzt es sich im Gras beim Bach auf einer Picknickdecke schön
Verpflegung: leckeres Eis gibt es in einer nur wenige Meter entfernten Eisdiele
Toiletten: es steht eine Dixi-Toilette bereit
Parken: am nur 100 m entfernten Dullikener Platz gibt es ausreichend Parkplätze

Der Markt Ammerndorf im Landkreis Fürth ist nicht nur bekannt für seine Brauerei oder Mühle. Durch den Ort verläuft auch ein Teil des insgesamt knapp 60 km langen Biberttalradweges, der von Burghausen über Dietenhofen bis Fürth verläuft. Wer also auf einer Radtour einen Stopp einlegen möchte, alternativ zu Fuß den Kunst- und Naturweg im Ort erkunden möchte oder auch einfach so in dieser Gegend ist, kann sich am Spielplatz am Moosrangen austoben.

Tipp: An warmen Sommertagen ist der Spielplatz gut besucht, vor allem weil hier ein Bachlauf zum Abkühlen und eine Eisdiele zum Erfrischen einladen.

Ausstattung

- Tunnel und Höhle
- Rutsche (Vorsicht bei kleineren Kindern: oben hinter der Rutsche ist ein Loch, durch das die Kinder in den Tunnel fallen können!)
- Balanciermöglichkeiten
- Wippe mit vier Sitzplätzen
- Wipptiere
- Nestschaukel und zwei Schaukeln
- Sandspielbereich mit einem Sitzbagger aus Metall
- ein paar Meter weiter gibt es einen riesigen Kletterturm, der ab 6 Jahren empfohlen wird

Ausflugsziele und Wanderwege in der näheren Umgebung

- Kunst- und Naturweg in Ammerndorf (siehe Wanderungen Nr. 11, Seite 56), Entfernung: 400 Meter
- Playmobil-Funpark (siehe Freizeitparks Nr. 1, Seite 178), Entfernung: 8 Kilometer
- Burg Cadolzburg (siehe Burgen und Burgruinen Nr. 2, Seite 237), Entfernung: 5 Kilometer
- Kletterwald Weiherhof (siehe Klettergärten Nr. 3, Seite 199), Entfernung: 9 Kilometer

13 ZennOase Langenzenn

Nur durch einen Weg vom Fluss Zenn getrennt kann man in der Stadt Langenzenn im Landkreis Fürth einige Zeit verweilen: Kinder aller Altersklassen finden Beschäftigungsmöglichkeiten in der ZennOase, bevor oder nachdem man sich im angrenzenden Biergarten stärken kann.

★★★★☆ Erlebnisfaktor 4 von 5

90579 Langenzenn, Alte Zennstraße 18

Lage: über einen Fahrrad- und Fußgängerweg erreichbar in der Stadt Langenzenn im Landkreis Fürth
Größe: mittelgroß, ca. 700 Quadratmeter plus 600 Quadratmeter (optisch getrenntem) Bewegungsparcours und Ruhezone
Alter: ab Kleinkindalter
Was zeichnet den Spielplatz aus: viele Spiel- und Klettermöglichkeiten aus Holzelementen
Sonne/Schatten: etwas Schatten vorhanden
Boden: überwiegend Sand und etwas Gras
Wasserbereich: es gibt einen Matschspielbereich mit Wasser
Sitzgelegenheiten: viele Sitzbänke direkt am Spielplatz plus einige Liegen im Ruhebereich nebenan
Verpflegung: unmittelbar angrenzender Biergarten
Toiletten: am Biergarten ist eine Toilette vorhanden
Parken: Parkplätze am Schießhausplatz und in der Sanktustorstraße

Parallel zur Stadtmauer wurde in der Stadt Langenzenn ein Piratenspielplatz zum Entdecken und Toben angelegt. Für größere Kinder ist das Piratenschiff mit Röhrenrutsche ein echtes Highlight, wohingegen kleinere Kinder bei einem niedrigeren Kletterelement oder dem Matsch- und Wasserbereich voll auf ihre Kosten kommen. Ebenfalls zur ZennOase zählen ein abgetrennter Bereich mit Barfußpfad, Ruheplätzen und Gartenbeeten, die ein Stückchen weiter am Fluss liegen.

Tipp: Vor allem am Wochenende und bei heißem Wetter kann hier durchaus etwas mehr los sein. Wegen dem Wasserbereich sind Wechselklamotten zu empfehlen.

Ausstattung

- ein großes Piratenschiff mit Röhrenrutsche
- diverse Klettermöglichkeiten auch für kleinere Kinder mit separater Rutsche
- sehr viel Sand zum Spielen
- Wasserpumpe mit Wasser- und Matschbereich
- angrenzende „Ruheoase“ mit einem kleinen Barfußpfad
- Kletterfelsen für größere Kinder

Ausflugsziele und Wanderwege in der näheren Umgebung

- Jump4All Trampolinpark in Langenzenn, Entfernung: 1 Kilometer
- Burg Cadolzburg, Entfernung: 9 Kilometer
- Kunst- und Naturweg in Ammerndorf (siehe Wanderungen Nr. 10, Seite 52), Entfernung: 14 Kilometer
- Lindenhof Erlebnishof (siehe Freizeitparks Nr. 2, Seite 181), Entfernung: 15 Kilometer

14 Weltraumspielplatz Hochstraße in Oberasbach

Der weitläufige Spielplatz unter dem Motto „Weltraum, Planeten, Raumfahrt" hat uns auf den ersten Blick überzeugt. Im Sandspielbereich wartet ein Mondfahrzeug auf die kleinsten Abenteurer. Für größere Kinder sind der Raketenturm mit zwei Rutschen sowie zahlreiche Spielgeräte, echte Hingucker.

★★★★★ Erlebnisfaktor 5 von 5

90522 Oberasbach, Hochstraße 56

Lage: in Oberasbach nahe der Rothenburger Straße
Größe: groß, ca. 2.300 Quadratmeter
Alter: ab ca. 2 Jahren
Was zeichnet den Spielplatz aus: ein toller Spielplatz für verschiedene Altersstufen: vom Sandbereich für Kleinkinder bis zum hohen Kletterturm und Bolzplatz
Sonne/Schatten: eine gute Mischung aus Sonne und Schatten durch umliegende Bäume
Boden: Sand, Hackschnitzel, Gras und etwas Kies
Wasserbereich: nicht vorhanden
Sitzgelegenheiten: einige Bänke und auch Tischgruppen vorhanden
Verpflegung: in näherer Umgebung gibt es einige Bäckereien und Cafés, wo man sich etwas zum Mitnehmen kaufen kann
Toiletten: keine öffentlichen Toiletten vorhanden
Parken: direkt an der Hochstraße oder Ecke Oberasbacher Straße

Unter Beteiligung von Kindern und Eltern entstand 2019 dieses Paradies für kleine und größere Weltraumforscher im Herzen von Oberasbach und ist damit einer der neuesten von 18 Spielplätzen in der Stadt. Wir treffen uns hier sehr gerne mit Freunden, da es vom Kleinkindalter bis Schulkindern etliche Beschäftigungsideen gibt. Komplett eingezäunt und mit einem für Kinderhände nicht einfach zu öffnendem Drehknopf ist das Areal sehr sicher.

Tipp: Die größere Rutsche kann sich in der Sonne schnell auf-

heizen, bitte vorher überprüfen bzw. die Kinder mit kurzer Kleidung hinweisen. Für den Bolzplatz oder Basketballkörbe gerne einen Ball einpacken.

Ausstattung

- Sandbereich mit einem Auto, Eimer zum Hochziehen und Auskippen und Spielzeug
- hohes Holz-Kletterelement
- zwei Rutschen
- drei Schaukeln mit extra langen Ketten, Kleinkindschaukel und eine Nestschaukel
- große Vierfach-Schaukel-Wippe
- Drehscheibe im Stile von Sonne und Planeten
- Seilbahn
- angrenzender Bolzplatz und Basketballkorb
- Tischtennisplatte

Ausflugsziele und Wanderwege in der näheren Umgebung

- Playmobil Funpark **(siehe Freizeitparks Nr. 1,** Seite 178), Entfernung: 2 km
- Schwarzwildgehege in Fürth **(siehe Tierische Erlebnisse Nr. 2,** Seite 168), Entfernung: 7 Kilometer
- Kletterwald Weiherhof **(siehe Klettergärten Nr. 3,** Seite 199), Entfernung: 5 km

15 Kinderpark im Pinderpark Zirndorf

Der Kinderpark in Zirndorf trägt seinen Namen zu Recht und verspricht viele Highlights für einen Besuch. Während kleinere Kinder im Sand buddeln und erste Kletterversuche an einem Piratenschiff machen, können größere Kinder etwas abseits die Seilbahn entlang schwingen, Ball spielen oder auf ein riesiges Klettergerüst erklimmen.

★★★★★ Erlebnisfaktor 5 von 5

90513 Zirndorf, Thomas-Mann-Straße

Lage: am westlichen Stadtrand von Zirndorf umgeben von Feldern, Häusern und geschützt hinter einem Hügel
Größe: sehr groß, ca. 5.600 Quadratmeter
Alter: ab Kleinkindalter
Was zeichnet den Spielplatz aus: ein sehr weitläufiger, aber übersichtlicher Spielplatz. Umgeben von einem Erdwall finden Kinder jeden Alters verschiedene Bereiche
Sonne/Schatten: kaum Schatten vorhanden
Boden: viel Gras, Sand und geteerte Wege im hinteren Bereich für Roller, Skates oder Fahrräder
Wasserbereich: im vorderen Bereich gibt es eine Pumpe mit Wasserlauf
Sitzgelegenheiten: ein überdachter Pavillon, einige Bänke, aber auch ausreichend Platz für eine Picknickdecke im Gras
Verpflegung: selbst mitzubringen, wobei es in Zirndorf und Oberasbach zahlreiche Bäckereien, Cafés oder Restaurants gibt
Toiletten: keine öffentliche Toiletten
Parken: Parkplätze seitlich an der Thomas-Mann-Straße oder, mit etwas Glück, im Wohngebiet

Dieser Spielplatz bietet jede Menge für Kinder und auch Eltern: So ist er zwar sehr weitläufig und ältere Kinder können im hinteren Bereich auch alleine spielen, man hat die Kinder aber dennoch meist gut im Blick. Wir haben bereits viele Stunden im Sand und der Nestschaukel verbracht, als die Kinder noch klein waren. Mit steigendem Alter haben wir uns über das Piratenschiff – wo Kinder nebeneinander rutschen können – bis zum Basketball- und Fußballplatz vorgearbeitet. An diesem Ende des Spiel-

platzes findet man auch ein riesiges Klettergerüst, das als Belohnung oben zum Eingang einer Rutsche führt.

Tipp: Mit einem Tretroller oder Inline-Skates hat man auf den asphaltierten Wegen richtig Spaß. Wer sein Fahrrad mitnimmt, kann auch (vorsichtig) einen Hügel hinunterfahren: Helm nicht vergessen!

Ausstattung

- großer Sandbereich mit einem Spielturm zum Hochziehen und Auskippen der Eimer
- Pumpe mit Wasserlauf
- kleines Piratenschiff mit extrabreiter Rutsche und Klettermöglichkeiten
- einzelne Schaukeln, Tandemschaukel und Nestschaukel
- Wipptiere
- Bodentrampolin
- Seilbahn
- hohes Kletterelement für Kinder im Schulalter und höherer Rutsche
- Tischtennisplatte, Fußballfeld, Basketballkörbe
- Drehscheibe

Ausflugsziele und Wanderwege in der näheren Umgebung

- Playmobil Funpark **(siehe Freizeitparks Nr. 1,** Seite 178), Entfernung: 2 Kilometer
- Burgruine Alte Veste in Zirndorf, Entfernung: 4 Kilometer
- Schwarzwildgehege in Fürth **(siehe Tierische Erlebnisse Nr. 2,** Seite 168), Entfernung: 8 Kilometer

16 Waldspielplatz Achterplätzchen Zirndorf

Wer einen weitläufigen, aber naturnahen Spielplatz sucht, wird im Norden Zirndorfs im Landkreis Fürth fündig. Während er in Sommermonaten eine angenehme Abkühlung bietet, kann man im Winter bei genügend Schnee auch noch den Schlitten einpacken und zum nahegelegenen Rodelhang laufen.

★★★★★ Erlebnisfaktor 5 von 5

90513 Zirndorf, Am Achterplätzchen

Lage: am nördlichen Stadtrand von Zirndorf im Wald neben einem großen Feld
Größe: groß, ca. 2.000 Quadratmeter
Alter: ab ca. 3 Jahren durch die etwas höheren Kletter- und Rutschelemente
Was zeichnet den Spielplatz aus: eingebettet in die Natur, sind der Fantasie zum Spielen auch abseits der vorhandenen Spielelemente keine Grenzen gesetzt
Sonne/Schatten: sehr schattig
Boden: Waldboden und Holzhackschnitzel
Wasserbereich: nicht vorhanden
Sitzgelegenheiten: einige Sitzbänke und ein paar Tische
Verpflegung: der Gasthof Wilhelm-Tell hat Donnerstag bis Sonntag ab 17 Uhr geöffnet, Sonntag auch von 11-14 Uhr
Toiletten: ein Dixi-Klo
Parken: Parkmöglichkeiten gibt es direkt davor „Am Achterplätzchen" oder in der Kneippallee, wo sie eine Abzweigung nach links macht zum Spielplatz hoch

Ein Geheimtipp ist dieser Waldspielplatz wahrscheinlich nicht mehr. Das schattige und übersichtliche Areal zieht vor allem bei heißen Temperaturen und am Wochenende viele Familien an, es verläuft sich aber sehr gut. Für Kleinkinder gibt es zwar einen Sandbereich und eine toll gestaltete Holz-Eisenbahn, Kinder ab ca. 3 Jahren werden aber mehr Spaß haben, da sie viel klettern, balancieren und die Rutsche testen können. Meist sind schon einige fertige Tipis zu finden, gerne können diese aber mithilfe der umliegenden Äste erweitert oder neue gebaut werden.

Tipp: Den Besuch mit einer Wanderung durch den Wald und z. B. zum Wildschweingehege verbinden. Im Winter findet man hier außerdem nach ca. 150 Meter nördlich einen Rodelhang.

Ausstattung

- sehr großes Kletterelement mit verschiedenen Auf- und Abstiegen für geübte Kletterer ab ca. 3,5 Jahren und Rutsche
- ein etwas niedrigeres Kletter- und Balancierelement
- zwei Schaukeln
- lange Rutsche für Kinder ab ca. 5 Jahren
- eine aus Holz nachempfundene Holz-Eisenbahn zum Sitzen und Spielen
- Sandkasten mit Sandspielzeug in einer Box
- Wippe und Wipptier
- Tischtennisplatte

Ausflugsziele und Wanderwege in der näheren Umgebung

- Burgruine Alte Veste in Zirndorf, Entfernung: 1,6 Kilometer Fußweg
- Schwarzwildgehege in Fürth **(siehe Tierische Erlebnisse Nr. 2,** Seite 168), Entfernung: 1,6 Kilometer Fußweg
- Playmobil Funpark **(siehe Freizeitparks Nr. 1,** Seite 178), Entfernung: 5 Kilometer
- Kletterwald Weiherhof **(siehe Klettergärten Nr. 3,** Seite 199), Entfernung: 7 Kilometer

17 Bewegungspark Kalchreuth

In Kalchreuth gibt es seit September 2020 zwei Spielplätze, um sich auszutoben: Während der eine nördlich direkt an einem Wanderparkplatz liegt, ist dieser Bewegungspark wenige hundert Meter südlich zu finden und überzeugt mit einem richtig guten Konzept.

★★★★☆ Erlebnisfaktor 4 von 5

90562 Kalchreuth, Buchenbühler Straße

Lage: im Süden Richtung Buchenbühl umgeben von Feldern und auf einer kleinen Anhöhe
Größe: groß, ca. 1.200 Quadratmeter
Alter: ab ca. 2 Jahren
Was zeichnet den Spielplatz aus: der Pumptrack für größere Kinder und der Sandkasten und Schaukel für kleinere Kinder ergänzen sich perfekt
Sonne/Schatten: bis auf den Sandkasten sehr sonnig; manchmal etwas zugig
Boden: Kies, Asphalt, Sand und etwas Gras
Wasserbereich: nicht vorhanden
Sitzgelegenheiten: verschiedene Möglichkeiten mit oder ohne Tisch sowie Holzliegen
Verpflegung: in Kalchreuth gibt es neben einem Bäcker auch verschiedene Gasthäuser
Toiletten: keine öffentlichen Toiletten vorhanden
Parken: direkt vor dem Spielplatz sind einige Parkbuchten zu finden

Uns hat es bisher schon öfter nach Kalchreuth verschlagen, davon zweimal für eine Wanderung auf dem Kirschblütenweg. Bei unserem letzten Besuch haben wir uns dann den neuen Bewegungspark angeschaut und können die positiven Resonanzen und den Besucherandrang am Wochenende gut verstehen. Für (Vor-)Schulkinder sind die Kletterelemente wirklich vielseitig und sowohl in niedriger Höhe als auch hoch oben auf einem Kletterfelsen – wo Eltern von unten keine Hilfestellung mehr geben können – reizvoll. Der asphaltierte Rundkurs für Fahrräder, Skates oder Roller

(diese sollten größere Räder haben, da sie sonst zu tief liegen und aufsetzen) ist klasse und wer noch kleinere Kinder mitbringt, kann mit ihnen im Sandkasten in Sichtweite Platz nehmen und den Blick auch auf die schönen Obstbäume schweifen lassen.

Tipp: Helm nicht vergessen! Vor allem im Frühjahr lohnt außerdem eine Wanderung über den Kirschblütenweg.

Ausstattung

- zahlreiche Kletterelemente in unterschiedlichen Höhen
- Kletterfelsen und Holzstelzen für geübte Kletterer
- Balancierparcours, empfohlen ab einer Größe von 140 cm
- Schaukeln, davon eine Nestschaukel
- weitläufiger und mit Sonnensegel geschützter Sandbereich für Kleinkinder
- Spielhaus
- Seilbahn
- Pumptrack: 45 m langer Rundkurs aus Asphalt für Fahrräder, Roller oder Inline-Skates
- Boule-Spielfeld, Wasserskiwand

Ausflugsziele und Wanderwege in der näheren Umgebung

- Kirschblütenweg in Kalchreuth, (siehe Wanderungen Nr. 12, Seite 61), Entfernung: 600 Meter
- Erlebnisbauernhof Clemens Schmitt (siehe Tierische Erlebnisse Nr. 3, Seite 170), Entfernung: 13 Kilometer
- Walderlebniszentrum und Naturerlebnispfad Tennenlohe (siehe Wanderungen Nr. 11, Seite 56), Entfernung: 15 Kilometer

18 Wasserspielplatz Norikusbucht am Wöhrder See in Nürnberg

Besonders im Sommer erfreut sich der Wasserspielplatz in Nürnbergs Stadtkern großer Beliebtheit, denn hier kann man sich wunderbar erfrischen und anschließend einen kleinen Spaziergang mit dem Kinderwagen oder Laufrad am See machen.

★★★★☆ Erlebnisfaktor 4 von 5

90402 Nürnberg, Norikusdamm

Lage: am Südufer des Wöhrder Sees im Stadtkern von Nürnberg
Größe: groß, ca. 1.300 Quadratmeter
Alter: ab ca. 3 Jahren
Was zeichnet den Spielplatz aus: eine erfrischende Oase im Stadtkern Nürnbergs mit viel Sand, Kletter- und Rutschoptionen
Sonne/Schatten: kein Schatten
Boden: Sand und Spielboden
Wasserbereich: an vielen Stellen gibt es Wasserläufe
Sitzgelegenheiten: einige Sitzbänke und Picknickmöglichkeiten
Verpflegung: selbst mitzubringen
Toiletten: eine öffentliche und saubere Toilette, die sich selbst reinigt
Parken: am öffentlichen und kostenpflichtigen Parkplatz Norikerstraße

Der Wöhrder See ist ein beliebtes Naherholungsgebiet und der Bereich rund um den Unteren Wöhrder See wurde in den letzten Jahren grundlegend erneuert. Mit einer Grünanlage, Uferwiese und auch bestehenden Bäumen ergibt sich so ein stimmiges Gesamtbild.

Am Nordufer des Unteren Wöhrder Sees kann man sich an einem 120 Meter langem Sandstrand erholen. Am Südufer kann man sich Treetboote und Ruderboote ausleihen und sich zum Beispiel auf einem Stand-Up-Paddle üben.

Auch der Wasserspielplatz ist ein tolles Ausfugsziel und lädt etwas ältere Kinder zum Klettern ein, bietet Gelegenheit für alle Altersklassen, sich an den Wasserläufen zu erfrischen und sich einfach treiben zu lassen.

Tipp: Die Energie- und Umweltstation direkt neben dem Spielplatz öffnet an bestimmten Tagen nicht nur für Schulklassen oder Geburtstagen ihre Tore.

Ausstattung

- Klettergerüst für kleinere Kinder
- Seilnetzanlage für größere Kinder
- Schaukeln
- Spielturm
- Rutschen
- Matschbereich
- Wasserlauf mit Staumöglichkeiten
- angrenzender Bewegungspark

Ausflugsziele und Wanderwege in der näheren Umgebung

- Wöhrder See, Entfernung: 100 Meter
- Erfahrungsfeld der Sinne **(siehe Freitzeitparks Nr. 4,** Seite 186), Entfernung: 2 Kilometer
- Valznerweiher Walderlebnispfad **(siehe Wanderungen Nr. 3,** Seite 19), Entfernung; 4 Kilometer

19 Abenteuerspielplatz Nürnberg-Moorenbrunn

Der Spielplatz im südöstlichen Stadtteil von Nürnberg ist ein beliebter Anlaufpunkt für Familien – nicht nur, weil es einen extra Kleinkindbereich gibt, sondern auch einen gut durchdachten Bereich für ältere Kinder.

★★★★☆ Erlebnisfaktor 4 von 5

90475 Nürnberg-Moorenbrunn, Klagenfurter Straße

Lage: im Südosten Nürnbergs in einer Wohnsiedlung
Größe: groß, ca. 1.600 Quadratmeter
Alter: ab ca. 1 Jahr
Was zeichnet den Spielplatz aus: liebevoller Kleinkindbereich mit viel Sand und niedrigen Elementen; für größere Kinder tolle Klettergerüste, Rutsche und Seilbahn
Sonne/Schatten: überwiegend (vor allem vormittags) sehr sonnig
Boden: Holzschnitzel, Wald und wenig Kies
Wasserbereich: nicht vorhanden
Sitzgelegenheiten: einige
Verpflegung: selbst mitzubringen; Cafés und Gaststätten in der näheren Umgebung
Toiletten: keine öffentlichen Toiletten vorhanden
Parken: an der Klagenfurter Straße hinter der Ecke Kärntner Straße findet man immer eine Parkmöglichkeit

Eltern neugieriger Kindern wird zuerst der umzäunte Bereich ins Auge fallen, der diesen Spielplatz umgibt und zumindest Kleinkinder, die noch nicht an die Klinke kommen, schützt. Im vorderen Bereich findet man viele Elemente für größere Kinder und eine sehr beliebte Seilbahn, die leider manchmal etwas stockt. Folgt man dem Weg an einem Hügel vorbei, kommt man zu einem sehr einladenden Kleinkindbereich, der vor allem durch kleinere Schaukeln, niedrige und sichere Kletterelementen sowie viel Sand- und Buddelmöglichkeiten überzeugt.

Tipp: Der Spielplatz ist an den Wochenende sehr gut besucht, weswegen man Stoßzeiten nach Möglichkeit meiden sollte.

Ausstattung

- diverse Kletter- und Balancierelemente für ältere Kinder
- zwei Rutschen
- Kleinkind-, normale und Nestschaukel
- separater Kleinkindbereich mit viel Sand, niedrigen Elementen und einer Sand-Station
- Seilbahn
- Bodentrampolin

Ausflugsziele und Wanderwege in der näheren Umgebung

- Valznerweiher Walderlebnispfad (siehe Wanderungen Nr. 3, Seite 19), Entfernung; 7 Kilometer
- Wanderung zum Wernloch und Walderlebnispfad Wendelstein (siehe Wanderungen Nr. 2, Seite 14), Entfernung: 8 Kilometer)
- Wanderung zur Löwengrube in Altdorf (siehe Wanderungen Nr. 15, Seite 73), Entfernung: 17 Kilometer

20 Abenteuerspielplätze in Nürnberg Langwasser

In Nürnberg Langwasser entstanden vor Kurzem zwei vielseitige Spielplätze für verschiedene Altersstufen. Langeweile ist hier definitiv fehl am Platz! Rutschen, Klettern, Seilbahn, Bodentrampolin, Karussell oder eine Runde auf dem Skate-Funpark: alles kein Problem.

★★★★★ Erlebnisfaktor 5 von 5

90471 Nürnberg, Ursula-Wolfring-Straße und Anette-Kolb-Straße

Lage: im Stadtteil Langwasser unweit des Messegeländes und südlich der Großen Straße
Größe: groß, je ca. 1.600 – 2.200 Quadratmeter plus BMX Pumptrack
Alter: ab dem Kleinkindalter, aber vor allem für Schulkinder richtig spannend
Was zeichnet den Spielplatz aus: sehr gelungen am Rande der Wohngebiete eingebaut gibt es hier unglaublich vielseitige Spielmöglichkeiten
Sonne/Schatten: überwiegend unter freiem Himmel, mit etwas Baumbestand
Boden: Hackschnitzel, Sand, Kies, Kunstrasen
Wasserbereich: kein Wasserbereich vorhanden
Sitzgelegenheiten: es gibt Sitzmöglichkeitene
Verpflegung: dmuss selbst mitgebracht werden
Toiletten: nicht vorhanden
Parken: Parkplatz am Ende der Annette-Kolb-Straße oder Bertolt-Brecht-Straße

2022 wurde an der südlichen Ursula-Wolfring-Straße der Erste dieser beiden nicht weit voneinander entfernten Spielplätze eröffnet, der vor allem für Kinder bis ca. 8 Jahren viel Freude bereitet. Seit Ende 2023 dürfen sich Kinder bis 14 Jahren über den Spielplatz an der nördlichen Annette-Kolb-Anlage freuen. Ich habe beide Spielplätze zusammengefasst, weil wir immer beide Areale entdecken.

Tipp: Vergesst nicht den Roller, Skates und Helm für den Skate-Funpark, der in dieser Form nicht so oft zu finden ist. Mit jüngeren Kindern solltet ihr Ausschau nach dem Tiersuchspiel halten. Und wer ausreichend Zeit einplant – und vielleicht mit dem Fahrrad anreist – kann noch einen Abstecher zum Dutzendteich machen.

Ausstattung

- Schaukeln
- Rutschen
- zahlreiche Kletter- und Balancierelemente, auch auf höheren Ebenen
- Bodentrampolin
- Seilbahn
- Wackelbrücke mit Gummimatte

Ausflugsziele und Wanderwege in der näheren Umgebung

- Freizeitareal Dutzendteich und Max-Morlock-Stadion, Entfernung: 2 km
- Waldererlebnispfad Valznerweiher (siehe Wanderungen Nr. 3, Seite 19), Entfernung: 6 km
- Tiergarten Nürnberg (siehe Tierische Erlebnisse Nr. 1, Seite 164), Entfernung: 5 km

Tierische Erlebnisse

1 Tiergarten Nürnberg

90480 Nürnberg, Am Tiergarten 30

Öffnungszeiten: im Sommer täglich von 8-19.30 Uhr, im Winter von 9-17 Uhr
Anfahrt und Parken: es stehen verschiedene Parkplätze zur Verfügung; ÖPNV über Straßenbahnlinie Nr. 5
Eintrittspreise: Familienkarte (2 Erwachsene mit eigenen Kindern): 45 Euro, Erwachsene: 20 Euro, Kinder von 4 bis 13 Jahren: 9,40 Euro; verschiedene Ermäßigungen vorhanden
Dauer des Besuchs: 3-4 Stunden
Kinderwagen: das Gelände ist kinderwagengeeignet; gegen eine Gebühr von 4 Euro werden Bollerwägen verliehen
www.tiergarten.nuernberg.de

Flächenmäßig ist der Tiergarten Nürnberg mit seinen 63 Hektar der zweitgrößte Deutschlands und einer der größten Zoologischen Gärten Europas. Für einen Besuch sollte man daher einige Stunden einplanen, um sich einen guten Überblick zu verschaffen. Gekennzeichnet durch ehemalige Sandsteinbrüche und die Mischkultur des früheren Reichswaldes, sind die Tiere hier in die natürliche Umgebung integriert.

Tiere

Derzeit leben rund 6.800 Tiere im Zoo, wie z. B. Erdmännchen, Giraffen oder Zebras. Erwähnenswert sind dabei auch die Raubkatzen wie Gepard, Löwe oder Tiger sowie der Aquapark mit seinen Anlagen für Eisbären, Pinguine oder Seelöwen. Bekannt ist der Tiergarten für seine Delphinlagune, die deutschlandweit einzige Außenanlage für Delphine und Seelöwen. Auf einer Tribüne oder im „Blauen Salon“ vor einer großen Unterwasserscheibe kann man die Tiere im Wasser super beobachten.

Spielplatz und Kinderzoo

Der östliche Teil des Tiergartens lässt Kinderherzen höher schlagen. Hier gibt es zum einen den Kinderzoo, der mithilfe von kindgerecht

gestalteten Informationstafeln über die ansässigen Tiere wie Schweine, Ziegen oder Meerschweinchen informiert. Ein paar davon können auch in einem abgesperrten Bereich gefüttert werden.

Zum anderen wartet ein großer Spielplatz auf die Kinder, der auch einige Elemente für Kleinkinder bereithält. Boden-Trampoline, eine Seilbahn, Rutschen und viel Sand versprechen eine spannende Zeit. Und spätestens die 12 m hohe Riesenspielanlage mit Röhrenrutsche, die ungefähr ab 5 Jahren alleine zu meistern ist, bleibt im Gedächtnis. Sitzmöglichkeiten gibt es in diesem Bereich übrigens auch.

Aktuelles
Im oberen Bereich eröffnete Ende Juli 2024 der „Klimawaldpfad", der durch Baumkronen führt und mit Spielstationen sowie pädagogischen Elementen den Lebensraum Wald greifbar macht.

Tipps:
• Im Tiergarten verteilt finden sich ein paar Kioske mit Getränken und Snacks. Speisen werden zudem an der Delphinlagune, dem Strei-

chelzoo und im Restaurant Waldschänke angeboten.
• Die Kleinbahn fährt zwischen den Oster- und Herbstferien vom Eingangsbereich bis zum Kinderzoo und zurück.
• Monatlich finden verschiedene Führungen wie z. B. im Affenhaus oder der Delphinlagune statt.

2 Schwarzwildgehege Fürth

90768 Fürth, Zum Vogelsang

Öffnungszeiten: das Gelände ist ganzjährig begehbar

Anfahrt und Parken: über die Südwesttangente Ausfahrt Oberfürberg; Wanderparkplatz hinter dem Hotel Forsthaus in Fürth. Aber auch vom Spielplatz „Am Achterplätzchen" in Zirndorf gut erreichbar

Eintrittspreise: kostenlos

Dauer des Besuchs: das Schwarzwildgehege kann man in gut einer halben Stunde umrunden,die Wälder laden aber zum Spielen und Balancieren ein

Kinderwagen: die Mitnahme eines Kinderwagens ist auf den Hauptwegen möglich

Im Stadtwald Fürth findet man ein kleines, aber feines Wildschweingehege. Besonders im Frühling und Spätsommer kann man Frischlinge sehen, die bei Kindern immer wieder für große Freude sorgen. Für sportliche Besucher ist auch der angrenzende „Vita Parcours" interessant, bei dem verschiedene Stationen zur Ausdauer, Kräftigung und Stabilisation auf einer Gesamtlänge von etwa 2 Kilometer bereit stehen. Es gibt außerdem ein Fotoherz, das passend in den Wald integriert ist und sich für Familienfotos eignet.

Wer neugierig auf die Wildschweine ist und Lust auf eine längere Wanderung hat, kann den Besuch mit dem Spielplatz „Am Achterplätzchen" in Zirndorf (Spielplätze Nr. 17 auf Seite 146) verbinden. Er ist u. a. über den Wanderweg Nr. 1 durch den Wald nach ca. 1,6 Kilometer zu erreichen.

Tipps:

• Die Fütterung der Wildschweine ist auch hier reguliert. Teilweise dürfen mitgebrachte Spaghetti verfüttert werden, bitte aber unbedingt die aktuellen Hinweise vor Ort lesen! Es stehen Futterabgabestellen bereit.

• In diesem Waldstück ist es ratsam, Mückenschutz einzupacken.

3 Erlebnisbauernhof Clemens Schmitt Bräuningshof

91094 Bräuningshof, Bubenreuther Str. 8

Öffnungszeiten: täglich von 9-18 Uhr
Anfahrt und Parken: über die A73 Ausfahrt Möhrendorf; ausreichend Parkplätze vor dem Hof
Eintrittspreise: der Eintritt ist kostenfrei, es hängt eine Spendenbox aus
Dauer des Besuchs: in 1-2 Stunden hat man sich einen tollen Überblick gemacht
Kinderwagen: das Gelände ist kinderwagengeeignet
www.scheferhof.de

Der Erlebnisbauernhof Clemens Schmitt ist ein landwirtschaftlicher Familienbetrieb am Rande der Fränkischen Schweiz. Hier kann man nicht nur regionale Produkte im Hofladen kaufen, sondern auch bei der Stallarbeit mithelfen. Das Füttern der Kühe mit bereitgestellten Schaufeln und Schubkarren macht dabei mindestens genauso viel Spaß wie mit einem der Tretbulldogs auf dem Hof zu fahren.

In einer Spielscheune kann man sich außerdem auf zwei Holzpferde setzen, in ein Bällebad rutschen oder sich auf dem großen Trampolin austoben. Im Stall und auf dem Hof stehen viele Fahrzeuge bereit und neben einem Mini-Karussell gibt es auch Meerschweinchen, Kaninchen und Ziegen zu sehen.

Tipps:

• Im Hofladen stehen frische und gesunde Lebensmittel aus der Region zum Verkauf wie z. B. Eier, Kartoffeln, Nudeln, Wurst, Schnäpse oder Gewürze und Honig.

• Für verschiedene Anlässe wie Kindergeburtstage kann man von März bis Oktober die Spielscheune mieten und Hofführungen oder weitere Erlebnisse buchen.

4 Erlebnisbauernhof Auhof Hilpoltstein

91161 Hilpoltstein, Auhofer Straße

Öffnungszeiten: der Auhof ist von Ostern bis Anfang Oktober von 9-17 Uhr geöffnet; Montag Ruhetag
Anfahrt und Parken: über die A9 Ausfahrt Allersberg oder Hilpoltstein; Parken kann man auf einem Parkplatz vor der Gärtnerei rechts (bitte nicht auf den Parkplätzen der Werkstätten oder der Gärtnerei)
Eintrittspreise: der Besuch ist kostenlos; durch den Getränke- und Speisenverkauf sowie Spenden kann man unterstützen
Dauer des Besuchs: ca. 2 Stunden
Kinderwagen: vom Parkplatz zum Erlebnisbauernhof selbst lohnt bei kleinen Kindern die Mitnahme eines Kinderwagens
https://erlebnisbauernhof.rummelsberger-diakonie.de/bauernhof/

Als Teil der Auhof Werkstätten ist vor einigen Jahren der Erlebnisbauernhof entstanden, der am Rande des Areals der Werkstätten in Hilpoltstein liegt. Er wird mit viel Engagement von einem Team bestehend aus Menschen mit und ohne Behinderung bewirtschaftet.

Ein Teil des Geländes umfasst den Bauernhof, der als sogenannter Archehof vom Aussterben bedrohte Nutztierrassen, wie z. B. bestimmte Esel, Hühner, Gänse oder Schweine-Arten, umsorgt. Auch Pferde, Hasen und Katzen leben hier.

Der andere Teil umfasst den toll angelegten Spielplatz, auf dem Kinder klettern, rutschen, im Sand buddeln oder sich am Bachlauf und Wasserbereich erfrischen können. Eine Seilbahn und Wackelbrücke gibt es ebenso wie Schaukeln und Kletterelemente. Eltern können es sich in der Wiese oder auf Bänken im Biergarten bequem machen und sowohl den Kindern als auch ab und an dem lustigen Schreien eines Pfaus, der hier wohnt, lauschen.

Tipps:

- Die Mitnahme einer Picknickdecke bietet sich auf den leichten Hängen an.
- Handtuch und evtl. Wechselklamotten einpacken, da Kinder am Wasserspielpatz nass werden können. Bei schönem Wetter außerdem an Sonnenschutz denken.

- Durch Tierpatenschaften kann der Unterhalt des Hofs unterstützt werden.

Nicht nur Wildgehege und Wildparks locken für einen Besuch mit der ganzen Familie. Auch kleinere Tiergehege oder Freiland-Terrarien bieten spannende Ausflugsziele in Mittelfranken.

5 Freiland-Aquarium Stein

90547 Stein, Heuweg 16

Öffnungszeiten: das Freilandaquarium ist von Mai bis September jeweils samstags, sonntags und feiertags von 10-17 Uhr geöffnet.
Anfahrt und Parken: über die Südwesttangente und die B14; direkt vor der Anlage gibt es keine Parkmöglichkeiten; Auf Höhe Birkenweg 20 oder Gerasmühler Straße 33 parken und ab dort laufen
Eintrittspreise: der Besuch ist grundsätzlich kostenlos, um eine Spende wird gebeten
Dauer des Besuchs: rund 1 Stunde
Kinderwagen: ein Kinderwagen kann hier mitgenommen werden
www.freiland.nhg-nuernberg.de

Wer sich für einheimische und europäische Fische, Amphibien und Reptilien interessiert, sollte dem Freiland-Terrarium und Aquarium einen Besuch abstatten. Es gibt einen Außenbereich mit Terrarien und einen Innenbereich mit einem Mikroskopraum. Bei Tieren kann man u. a. Eidechsen, Frösche, Molche, Schlangen und Schildkröten sehen.

6 Wildpferde Tennenlohe

91058 Erlangen-Tennenlohe, Naturschutzgebiet Tennenloher Forst

Öffnungszeiten: jederzeit zugänglich; im Sommer kann es sehr heiß werden, da der Weg nicht geschützt ist
Anfahrt und Parken: über die A3 Ausfahrt Erlangen-Tennenlohe bzw. erste Ausfahrt der B4; Parken direkt am Wanderparkplatz „Turmberg"
Eintrittspreise: kostenlos
Dauer des Besuchs: rund 2 Stunden
Kinderwagen: die Hauptwege sind für Kinderwägen geeignet
www.wildpferde-tennenlohe.de

Seit 2003 leben im einem ehemaligen Truppenübungsplatz-Gelände in Tennenlohe Wildpferde. Das Projekt des Landschaftspflegeverbands Mittelfranken ist in diesem Naturschutzgebiet entstanden, um Sandmagerrasen und Heiden zu erhalten. Momentan leben neben Przewalski-Hengsten auch Pfauenziehen in diesem sehr weitläufigen Gebiet.

Den Besuch bei den Wildpferden im Tennenloher Forst kann man auch mit dem Walderlebniszentrum und Naturerlebnispfad verbinden (siehe Wanderungen Nr. 11 auf Seite 56), wenn man ausreichend Zeit einplant.

Freizeitparks

1 Playmobil Funpark Zirndorf

90513 Zirndorf, Brandstätter Straße 2-10

Alter: von 1 bis 9 Jahren; für Klein- und Kindergartenkinder wird besonders viel geboten
Öffnungszeiten: von April bis Oktober von 9-19 Uhr geöffnet. Ab Ende November von 10-18 Uhr, dann sind innen der Klettergarten und das HOB-Center sowie außen eine Eislaufbahn und der Winterzauberweg zugänglich
Anfahrt und Parken: es stehen zahlreiche Parkplätze und zwei Parkhäuser zur Verfügung, die in der Hauptsaison 5 Euro pro Tag kosten
Eintrittspreise: ein Tagesticket für Kinder ab 3 Jahren und Erwachsene in der Hauptsaison kostet 22,90 Euro, Ermäßigungen vorhanden
Tickets: es kann notwendig sein, die Tickets vorab im Online-Shop zu kaufen
Dauer des Besuchs: Halb- bis Ganztagesausflug
Kinderwagen: ist problemlos möglich
www.playmobil-funpark.de

In den vergangenen Jahren war der Playmobil FunPark einer unserer liebsten Ausflugsziele: Mit jüngeren Kindern findet sich auch nach dem zehnten Besuch noch ein Highlight oder versteckte Orte, die Überraschungen bereit halten. Der FunPark ist in mehrere Themengebiete aufgeteilt, die mit Spielstationen und Spielplätzen zum Mitmachen anregen. Im Sommer können sich Kinder an den Wasserbereichen erfrischen oder die Füße bei einer Floßfahrt im Wasser baumeln lassen, während ein Erwachsener das Paddeln übernimmt.

Der Highlights im FunPark im Überblick

• große Ritterburg mit Burgmauern, Geheimgängen und einem Verlies

• Piratenwelt mit einem großen Piratenschiff, das viele Holz-, Kletter- und Versteckmöglichkeiten bietet

• Feenland und Meerjungfrauen zum Einhörner striegeln, Schätze in der Zaubermuschel suchen und Burgen bauen

• Bauernhof: vor allem für die Kleineren ein großer Spaß. Sie können Kühe melken, rutschen oder mit Fahrzeugen auf einem kleinen Parcours fahren

• Polizeistation mit Gokart-Parcours ab einer Körpergröße von 1,20 Meter

• Paddelboote, die von Kindern ab 4 Jahren mit einer Handkurbel bedient werden können
• Goldnuggets und Edelsteine sammeln und waschen in der Westernstadt

Tipps:
• Unbedingt Wechselkleidung einpacken.
• Bei schönem Wetter an Sonnenschutz, Badesachen und Handtuch denken.
• Ein kleiner Zip-Beutel verwahrt gesammelte Schätze bei den Einhorn-Muscheln oder beim Goldgraben – man kann aber auch vor Ort noch kleine Dosen und z. B. Armbänder zum Bestücken kaufen.
• Im HOB-Center gibt es einen separaten Stillraum und die Möglichkeit, Baby-Gläschen aufzuwärmen.

2 Lindenhof Erlebnishof Hammerbach

91074 Herzogenaurach, Dahlienstraße 5

Alter: von ca. 2 bis 9 Jahren

Öffnungszeiten: im Frühling und Sommer (bis ca. Anfang Oktober) geöffnet; Montag Ruhetag

Anfahrt und Parken: über die A73 Ausfahrt Erlangen-Frauenaurach; Es stehen Parkplätze zur Verfügung und es wird gebeten, nicht auf den umliegenden Straßen und Feldwegen zu parken

Eintrittspreise: ab 3 Jahren und Erwachsene: 8 Euro, ab 10 Jahren 11 Euro; Ermäßigungen für Besuche von Dienstag bis Freitag ab 16:30 Uhr von je 1 Euro

Tickets: ein vorab gebuchtes Online-Ticket kann notwendig sein und ist günstiger als ein Vor-Ort-Kauf

Dauer des Besuchs: ein Besuch lohnt für 2-3 Stunden

Kinderwagen: die Wege sind kinderwagentauglich

www.lindenhof-erlebnishof.de

Bei einem Areal, das 30.000 Quadratmeter umfasst, können Kinder und Erwachsene zu Recht einiges erwarten. Bereits kurz nach dem Eingang kommt man an einem kleinen Zoo vorbei, bei dem man z. B. Erdmännchen, Lamas, Schweine und Ziegen beobachten und füttern kann. Außerdem können Kinder in Begleitung eine Runde auf einem Pony geführt werden.

Etwas jüngere Kinder haben die Möglichkeit, sich auf dem zentralen Spielbereich auszutoben, mit einem Bobby Car zu fahren, auf einem Hüpfkissen zu springen oder den Spielplatz zu erkunden, wo es im Sommer auch einen Wasserbereich gibt.

Auf einer großen Tretcar-Strecke können sich dann auch die Erwachsenen ein Rennen mit den Kindern liefern, Pfützen ausweichen oder natürlich währenddessen auf den Bänken vor der Strecke warten. Im hinteren Bereich kann man auf einem kleinen Bewegungsparcours sein Gleichgewicht trainieren oder sich in der Heuballen-Burg verstecken und währenddessen die Alpakas beobachten. Auch hier stehen übrigens wie im gesamten Areal ausreichend Sitzmöglichkeiten zur Verfügung.

Für ältere Kinder wartet in einem separaten Bereich ein zweites, größeres Hüpfkissen. Dahinter kann man sich dann prima in einem Flugzeug oder in kleinen Tunnels verstecken, bevor ein Weg wieder zum Zoo zurück führt.

Tipps:

- Ponyreiten ist ab 3 Jahren und einer Körpergröße von 1 Meter möglich und kostet 3,50 Euro zusätzlich.
- Futter für die Tiere kann vor Ort erworben werden.
- Wechsel- und Matschkleidung einpacken, v. a. für die Tretcar-Bahn.

3 Beerenland Wolkersdorf

91126 Schwabach, Raubershofer Weg

Alter: von ca. 1,5 – 12 Jahren
Öffnungszeiten: das Beerencafé im Beerenland hat von Mai bis Mitte September täglich von 10-19 Uhr geöffnet
Anfahrt und Parken: an der B2 zwischen Nürnberg-Eibach und Schwabach/Wolkersdorf gelegen. Parkmöglichkeiten gibt es einige direkt vor und gegenüber des Eingangs
Eintrittspreise: 2 Euro pro Person; außerhalb der Ferien vor 13 Uhr freier Eintritt
Tickets: können direkt vor Ort gekauft werden
Dauer des Besuchs: ca. 2 Stunden ohne Selbstpflücken und Maislabyrinth
Kinderwagen: die Mitnahme eines Kinderwagens ist möglich
https://cafebeerenland.de

Das Beerenland in Wolkersdorf ist ein prima Ausflugsziel für Kinder südwestlich von Nürnberg. Naturverbundenheit, Nachhaltigkeit und Raum für Kreativität stehen im Fokus des Familienbetriebs. Vor allem zum Ernten von leckeren Beeren kommen Groß und Klein hierher, aber auch um sich auf der Naturspielwiese im Berencafé zu vergnügen und die hausgemachten Kuchen, Getränke und Snacks zu probieren.

Highlights im Beerencafé

In einem umzäunten Areal mit Holztraktor und vielen Strohballen können sich die Kleinen austoben. An heißen Sommertagen ist der Wasserspielplatz mit angrenzendem Sandkasten sehr beliebt. Wer mag, kann dann auf einem der Bobby-Cars eine Runde drehen oder die Hasen, Hühner und Ziegen im Streichelzoo besuchen.

Ab Ende Juli hat man außerdem die Möglichkeit, sich im Maislabyrinth zu vergnügen und die richtigen Wege zu finden. Regionale Speisen, hausgemachte Kuchen und Getränke sind vor Ort zu erwerben, die Mitnahme von Speisen und Getränken ist nicht erlaubt.

Tipps:

• Online können die aktuellen Pflückbedingungen nachgelesen werden. So weiß man genau, was gerade reif ist und ob die Fahrt lohnt

• Bei heißen Temperaturen Sonnenschutz, Handtuch und Wechselklamotten einpacken, da das Areal überwiegend sonnig ist

• Wer nur Beeren pflücken möchte, kann auch nach Unterfarrnbach oder

Rückersdorf gehen, wo weitere Standorte des Beerenlands zu finden sind – allerdings ohne Café und Freizeitareal
• Das Maislabyrinth ist ab Mitte Juli geöffnet. Zweimal im Sommer gibt es auch eine lange Labyrinth-Nacht

4 Erfahrungsfeld der Sinne Nürnberg

90489 Nürnberg, Johann-Soergel-Weg

Alter: für Kinder ab ca. 3 Jahren ideal
Öffnungszeiten: von 1. Mai bis Ende der bayerischen Sommerferien aufgebaut: Montag bis Freitag von 9-18 Uhr, Samstag von 13-18 Uhr sowie an Sonntagen, Feiertagen und unter der Woche in den Ferien von 10-18 Uhr
Anfahrt und Parken: Parkplätze stehen am „Prinzregentenufer" zur Verfügung, das Erfahrungsfeld ist über einen Weg zu erreichen, der ungefähr auf Höhe Liebigstraße/Prinzregentenufer nach unten führt
Eintrittspreise: 8 Euro für Erwachsene und 6,50 Euro für Kinder als Familie
Tickets: es kann notwendig sein, Tickets vorab online zu kaufen
Dauer des Besuchs: 2-3 Stunden
Kinderwagen: das Erfahrungsfeld ist kinderwagengeeignet, für größere Kinder ist die Mitnahme eines Buggys aber nicht unbedingt notwendig, da sie viel in Bewegung sind und das Gelände nicht zu groß ist
www.erfahrungsfeld.nuernberg.de

Beim Erfahrungsfeld der Sinne handelt es sich um eine erlebnispädagogische Einrichtung der Stadt Nürnberg: Hier stehen Staunen, Erleben und Erfahren im Vordergrund. Immer in den Sommermonaten können Kinder die Wissenschaft hautnah erleben und versuchen, viele Dinge zu begreife.

Jährlich wiederkehrende Stationen

Auf dem „Aktionsparcours zur sinnlichen Wahrnehmung" befinden sich einige Stationen, die sich schon fest etabliert haben wie z. B. eine Backstation, der Barfußpfad oder das Bienenzelt. Auch das Labyrinth und das Dendrophon sind zeitlose Klassiker und für den Besucher sehr spannend. Die Stationen werden durch sehr freundliche Mitarbeitende betreut: Man erfährt mehr über die angesprochenen Sinne und kann jederzeit Fragen stellen.

Im Balance-Bereich findet man eine Partnerschaukel und eine große Balance-Scheibe. Herzlich gelacht haben die Kinder bei einem Dusch-Duell, bei dem man, mit einem Regenschirm bewaffnet, schnellstmöglich pumpen muss, um nicht nass zu werden. Am eindrucksvollsten war dann das Schaukeln in einer Rolli-Schaukel. Kinder können sich dazu in einen Rollstuhl setzen und spüren, wie es sich anfühlt damit ein paar Meter zu fahren und zu schaukeln.

Individuelles Zusatzprogramm
2023 ging es um den verantwortungsvollen Umgang mit der Natur, um Nachhaltigkeit, aber auch um Inklusion und gegenseitige Achtsamkeit. Kinder konnten lernen, welchen Einfluss das Klima auf unsere Umwelt hat oder wie Nachhaltigkeit definiert wird.

Das Motto 2024 lautete „Klingt gut!“ und beschäftigte sich nicht nur mit Tönen, Musik und Rhythmus, sondern auch Kommunikation und Achtsamkeit. Im Kommunikationszelt stellte man sich der Frage: „Was hat Kommunikation mit den Sinnen zu tun?“, während man im Umweltzelt das neue Luftlabor inspizieren konnte.

Tipps:

- Es finden immer wieder Aktionstage, Feste und Werkstätten statt.

- Die von blinden und sehbehinderten Mitarbeitenden angeleitete Dunkelerfahrung ist ein zusätzliches Angebot für Kinder ab 8 Jahren und kann separat gebucht werden.

Klettergärten

Bereits im Alter von 3 Jahren kann man in Mittelfranken einen Hochseilgarten besuchen. Diese liegen nach ihrer Definition mindestens in einer Höhe von 1 Meter über dem Boden und zeichnen sich durch eine Sicherung der Kletterer aus.

Als Ausstattung empfiehlt sich sportliche und nicht zu lockere Freizeitkleidung, die auch bei heißen Temperaturen mindestens über das Knie geht. Festes Schuhwerk ist unbedingt erforderlich. Sollten Handschuhe oder Helm notwendig sein, können diese vor Ort geliehen werden.

Wer noch nie mit seinem Kind klettern war und überlegt, welcher Ort sich hierfür am besten eignet oder wer vielleicht auch auf der Suche nach bestimmten Kriterien wie den angebotenen Elementen ist, wird in dieser Auflistung fündig.

Die folgende Übersicht zeigt auf einen Blick, in welcher Höhe die Parcours liegen, ob ein Erwachsener mitklettern muss und mit welchen Kosten man rechnen muss.

	Weiherhof	**Straßmühle**	**Enderndorf**
Mindestalter	ab 4 Jahren	ab 5 Jahren	ab 6 Jahren
Mindestgröße	/	/	1,10 m
Anzahl der Parcours (für das jüngste Alter)	2	4	5
Höhe der Parcours	1 m	1-3 m	2-4 m
Begleitung eines Erwachsenen	Klettern unter Aufsicht	muss mitklettern	muss mitklettern
Helm-/Handschuh-Pflicht	nein	Handschuhe	Helm
Preis pro Kind	8 Euro	13 Euro plus 20 Euro Begleitung	13 Euro plus 20 Euro Begleitung

Für erste Klettererfahrungen bieten sich übrigens zwei Niedrigseilgärten in der Region an, die auch beide im Buch beschrieben sind:

• Niedrigseilgarten am Naturerlebnispfad Lauf-Schönberg: Wanderung Nr. 13 auf Seite 65)
• Niedrigseilgarten am Waldspielplatz Steinbrüchlein: Spielplatz Nr. 5 auf Seite 98)

Beide sind kostenlos, da sie in freier Natur liegen. Sie lassen sich außerdem prima mit einem Spaziergang im umliegenden Gebiet verbinden. Und um Kinder langsam an das Klettern zu gewöhnen oder zu erproben, ob sie in einem Hochseilgarten für Kinder überhaupt Spaß hätten, eignen sich diese Alternativen perfekt.

1 Kletterwald Straßmühle Pyrbaum

90602 Pyrbaum, Straßmühle 21

Öffnungszeiten: nach den Pfingstferien bis Ende September freitags von 12-19 Uhr sowie samstags und sonntags von 9.30-19 Uhr; in den Pfingst- und Sommerferien täglich von 9.30-19 Uhr; in den Herbstferien täglich von 11-17 Uhr
Anfahrt und Parken: von Nürnberg aus über Wendelstein und der St2225; die Parkplätze für den Klettergarten und Wildgehege liegen rechterhand, kurz hinter der Geschwindigkeitsbegrenzung auf 70 km/h
Eintrittspreise: Kinder von 5 bis 11 Jahren: 13 Euro; notwendige Begleitperson: 20 Euro
Dauer des Besuchs: 2 Stunden
www.kletterwald-strassmuehle.de

Im Süden von Nürnberg findet sich ein abwechslungsreicher Kletterwald, der für Kinder ab 5 Jahren geeignet ist und die Parcours schön in die Natur eingebettet hat.

Details zu den Parcours:
• Vier Parcours ab 5 Jahren in Begleitung, ab 9 Jahren alleine.
• Ein Parcours ab 7 Jahren in Begleitung, ab 10 Jahren alleine.

Kletterniveau und Sicherheit:
• Die Anfänger-Parcours liegen in einer Höhe von ca. 1-3 Meter über dem Boden.
• Ein Erwachsener muss mitklettern.
• Das Tragen von Handschuhen war zuletzt verpflichtend.

Weitere Ausflugstipps vor Ort:
Der Kletterwald Straßmühle befindet sich direkt im Areal des Faberhof. In diesem Wildgehege kann man hauptsächlich Rot- und Damwild sehen. So lässt sich ein Besuch von Hochseilgarten und Wildpark für Kinder gut verbinden.

Bitte beachten: Das Wildgehege ist allerdings nur dann komplett frei zugänglich, wenn auch die Waldschänke Straßmühle geöffnet hat, das ist meist am Wochenende und in den bayerischen Ferien der Fall. Daher ausreichend Picknick für die fleißigen Kletterer einpacken.

2 Abenteuerwald Enderndorf Spalt

91174 Spalt, Zum Igelsbachsee 1

Öffnungszeiten: von April bis Oktober freitags von 13-19 Uhr und samstags, sonntags und feiertags von 10-19 Uhr geöffnet; in den Oster-, Pfingst-, Sommer- und Herbstferien täglich von 10-19 Uhr: eine vorherige Reservierung kann notwendig sein

Anfahrt und Parken: kostenpflichtige Parkplätze am oberen Parkplatz in Enderndorf. Direkt am Parkplatz befindet sich auch der Check-In und die Einweisung für den Kletterwald, der dann gegenüber der Straße liegt

Eintrittspreise: Kinder unter 1,40 Meter Körpergröße: 16 Euro; notwendige Begleitperson: 23 Euro. Fly-Line-Wald und Zip-Line See extra

Dauer des Besuchs: 2 Stunden

enderndorf.abenteuer-wald.com

Der anspruchsvolle Hochseilgarten für Kinder ab 6 Jahren liegt nahe des wunderschönen Brombachsees. Er hat ein paar besondere Kletterelemente, die v. a. für größere Kinder und auch Erwachsene sehr reizvoll sind.

Details zu den Parcours:
• Fünf Parcours ab 6 Jahren in Begleitung, ab 8 Jahren ist eine Aufsichtsperson am Boden ausreichend.
• Jeder der Parcours endet mit einer Seilbahn zum Boden; Das unterscheidet den Klettergarten auch von anderen in der Region, bei denen man meist auf einer Plattform endet.

Kletterniveau und Sicherheit:
• Die Mindestgröße beträgt 1,10 Meter, wobei unsere Tochter mit 1,20 Meter an manche Elemente zum Umhängen nicht alleine rankam.
• Die Anfängerparcours liegen auf bis zu 4 Metern Höhe.
• Ein Erwachsener muss mitklettern und das ist gerade zu Beginn auch sinnvoll.
• Die Sicherung erfolgt über ein kontinuierliches System, bei dem man sich nicht umhängen muss.
• Für Kinder besteht Helmpflicht.

Ab 8 Jahren, einer Mindestgröße von 1,40 Metern und in Begleitung eines Erwachsenen kann man nach den fünf Parcours übrigens noch drei weitere und sehr lange Parcours bewältigen, die es wirklich in sich haben (u. a. mit dem „Tarzan-Sprung“). Von der letzten Station kann man dann noch, mit einem Mindestgewicht von 30 Kilogramm, die Seeüberfahrt über den Igelsbachsee machen, was ein unglaubliches Gefühl ist!

Weitere Ausflugstipps vor Ort:
Wir sind große Fans des Fränkischen Seenlandes und finden hier immer eine tolle Beschäftigung: ob am Seeufer, auf dem See unterwegs mit dem Schiff MS Brombachsee oder aktiv mit der Rikscha oder dem Fahrrad. Zu erwähnen sind außerdem die vielseitigen Spielplätze, wie ganz in der Nähe der Mühlenspielplatz **(Spielplatz Nr. 9 auf Seite 114)** oder Wandermöglichkeiten wie der Barfußpfad, der fast nebenan startet.

3 Kletterwald Weiherhof

90513 Zirndorf, Banderbacher Straße 301

Öffnungszeiten: von April bis Oktober freitags von 13-19 Uhr geöffnet; samstags, sonntags, feiertags und in den Ferien von 10-19 Uhr; eine vorherige Anmeldung kann notwendig sein
Anfahrt und Parken: Parkplätze stehen beim SV Weiherhof zur Verfügung, danach läuft man ca. 100 Meter in den Wald
Eintrittspreise: Kleinkindparcours: 9 Euro; Kinder unter 12 Jahren: 17 Euro, Erwachsene: 24 Euro
Dauer des Besuchs: bis zu 3 Stunden
www.kletterwald-weiherhof.de

Etwas versteckt im Fürther Stadtwald liegt der Kletterwald Weiherhof, der neben dem Hochseilgarten auch weitere lustige und spannende Attraktionen bietet. Ab 4 Jahren können Kinder auf zwei Parcours und mit Hilfe der Eltern klettern: perfekt für den Einstieg.

Details zu den Parcours:

- Zwei Parcours ab 4 Jahren unter Aufsicht.
- Diese Kleinkindparcours sind mit originellen Holz-Elementen wie z. B. einem Hexenbesen, einer Rakete oder einer Kletterwand ausgestattet.
- Kinder ab 1,30 Meter Körpergröße können in Begleitung eines Erwachsenen fünf weitere Parcours erkunden, davon einen mit mehreren Seilbahnen.

Kletterniveau und Sicherheit:

- Durch die niedrige Höhe kann eine Begleitperson von unten oder direkt am Element Hilfestellung für Kletteranfänger leisten.
- Die Einsteiger-Parcours sind nicht zu lange und daher gut für Anfänger oder Wiederholungen geeignet.
- Für größere Kinder sind die aufbauenden Parcours interessant, die

zwar mit einer Mindestgröße aber nicht z. B. einem Mindestalter verbunden sind.

Weitere Ausflugstipps vor Ort:
Der Kletterwald Weiherhof bietet auch weitere Erlebnisse wie 3D-Bogenschießen, Bubble Soccer oder eine Naturkegelbahn. Außerdem lädt der umliegende Wald zu kürzeren oder längeren Wanderungen (evtl. auch für Begleitpersonen) ein.

Für das mitgebrachte Picknick stehen einige Sitzgruppen beim Start zur Verfügung. Außerdem hat der Waldgasthof Weiherhof fast täglich geöffnet und bietet mittags und abends warme Speisen an.

Museen

1 DB Museum Nürnberg

Im Museum der Deutschen Bahn in Nürnberg kann man sich nicht nur auf eine Zeitreise auf Schienen begeben; Vor allem die kleinen Lokführer können so einiges erleben.

90443 Nürnberg, Lessingstraße 6

Alter: ab dem Kindergartenalter (Museum für Kommunikation ab ca. Grundschulalter)
Öffnungszeiten: Dienstag bis Freitag von 9-17 Uhr sowie Samstag, Sonntag und feiertags (bis auf Ausnahmen, z. B. Weihnachten) von 10-18 Uhr. Das Freigelände ist von 1. November bis 31. März geschlossen
Eintrittspreise: Familienticket (2 Erwachsene und bis zu 4 Kinder): 18 Euro
Tickets: können online oder vor Ort gekauft werden; eine Online-Reservierung ist im Normalfall nicht notwendig
Parken: auf den umliegenden öffentlichen Parkplätzen oder Parkhäusern
ÖPNV: U-Bahn Linie 2 und 3 (Haltestelle Opernhaus)
Dauer des Besuchs: 2 bis 4 Stunden
Kinderwagen: die Mitnahme eines Kinderwagens ist in den unteren Bereichen des Museums teilweise möglich; Vor dem Kibala ist ein Kinderwagenparkplatz
www.dbmuseum.de

Von der Geschichte der Eisenbahn über Fahrzeughallen hin zu einer Modelleisenbahn

Direkt hinter dem Eingang kann man sich an vielen Schaukästen und Audiogeräten über die Geschichte der Eisenbahn der Jahre 1800 bis 1945 informieren, so z. B. über die Industrialisierung und die Gründung der Deutschen Reichsbahn. Kinder zieht es hier im Erdgeschoss vor allem in die imposante Fahrzeughalle, wo u. a. ein Nachbau des „Adlers", der ersten Dampflokomotive Deutschlands, steht. Auch die Funktionsweise einer Dampflok ist in vielen Schritten nachzulesen und optisch sowie akustisch eindrucksvoll dargestellt.

Während man im 1. Obergeschoss die Historie der Eisenbahn von „Deutschland in Trümmern" bis hin zur „Weichenstellung für die Zukunft" weiter verfolgen kann, findet man hier auch ein Modellarium mit Modellen in verschiedenen Maßstäben. Platz nehmen

kann man bei Vorführungen der Modelleisenbahn, die während der Öffnungszeiten stündlich stattfinden.

Kinder-Bahnland
Neben dem Museum für Kommunikation (siehe Tipp) lässt im 2. Obergeschoss vor allem ein Areal Kinderherzen höher schlagen: das Kinder-Bahnland – auch „Kibala" genannt. Zu Beginn dürfen sich die Kinder stilecht als Schaffner verkleiden und in einer Spielecke eine eigene Eisenbahnstrecke mit Produkten der Firma Brio aufbauen. Unsere Highlights waren der Fahrsimulator, die Bedienung eines Stromabnehmers und das Betanken einer Lok. Und was hinter den Schienen steckt, die durch den ganzen Raum verlaufen? Jeweils zur halben und vollen Stunde dürfen sich Kinder ab 3 Jahren sich auf die 5-Zoll-Bahn setzen und zwei Runden mitfahren.

Hinweis zum Besuch im „Kibala": Je nach aktueller Lage ist es möglich, dass man bei der Kasse eine extra Eintrittskarte mit einem

einstündigen Zeitfenster für das Kibala erhält, um das Besucheraufkommen zu verringern.

Freigelände
Der Zugang zum Freigelände befindet sich im Erdgeschoss und liegt auf der gegenüberliegenden Seite der Sandstraße. Es ist natürlich ausgeschildert, dennoch haben wir es bei unserem ersten

Besuch nicht wahrgenommen. Und das ist aufgrund des vor allem für Kinder spannenden Areals wirklich schade. Wenn man die Straße überquert hat, betritt man nach wenigen Metern zuerst eine zweite Fahrzeughalle, in der neben einer Schnellzuglokomotive auch ein Mock-up des ICE 4 steht.

Highlight
Die Fahrzeughallen und Modellbahnanlage sind nicht nur für echte Lokführer ein Highlight. Mit einem Besuch im „Kibala" und auf dem Freigelände mit Spielplatz ist das DB Museum ein Ausflugsziel für viele Stunden.

An einem historischen Bahnsteig fährt in regelmäßigem Abstand eine Feldbahn für die ganze Familie. Die kleinen Eisenbahnfreunde können dann entweder noch auf einem ICE-Bobby-Car Platz nehmen und über eine kleine Strecke fahren oder sich auf dem Spielplatz austoben. In den Wintermonaten kann es teilweise zu Einschränkungen kommen, z. B. fährt die Feldbahn in dieser Jahreszeit nicht.

Tipp: Eintrittstickets inkludieren auch einen Besuch im Museum für Kommunikation im 2. Obergeschoss.

2 Kindermuseum Nürnberg

Das Kindermuseum zeichnet sich durch spannende Mitmachausstellungen für Kinder aus, die perfekt für Kinder im (Vor-) Schulalter sind. Wer wissen möchte, wie (Ur-)Großeltern früher eingekauft haben oder wie unser Planet aufgebaut ist, kann hier viele Antworten finden.

90439 Nürnberg, Kachelbau, Michael-Ende-Straße 17

Alter: ab dem Vorschul- und vor allem für Grundschulkinder sehr interessant, wobei die Ausstellung „Zeitreisen" m. E. auch für jüngere Kinder schön gestaltet ist
Öffnungszeiten: Samstag und in den Ferien von 14-17.30 Uhr, Sonntag von 10.30-16.30 Uhr geöffnet. Es empfiehlt sich aber, vorher aber nochmal auf der Homepage nachzulesen, z. B. auch wegen einer Sommerpause
Eintrittspreise: Erwachsene und Kinder ab 3 Jahren: 8 Euro
Tickets: es kann notwendig sein, vorab online Tickets zu kaufen
Parken: es gibt nur wenige Parkplätze in den umliegenden Straßen
ÖPNV: S-Bahn Linie 1 oder U-Bahn Linie 2 und 3 über die Haltestelle Rothenburger Straße zu erreichen
Dauer des Besuchs: 2 Stunden
Kinderwagen: über einen Aufzug können die Stockwerke erreicht werden; Sofern nicht zwingend benötigt, finde ich einen Buggy für ältere Kinder aber nicht sinnvoll
www.kindermuseum-nuernberg.de

Zeitreisen

In dieser Ausstellung können sich kleinere und größere Kinder auf eine Zeitreise begeben und sehen, wie sich Leben und Technik im Alltag der Menschen über Jahrzehnte entwickelt hat. Anhand verschiedener Erlebnisstationen wie dem gut sortierten Kolonialwarenladen oder einer alten Post, kann man in frühere Zeiten eintauchen und dabei vieles anfassen. Auch in der Backstube, im Verkleidungseck oder einem Waschplatz ist Mitmachen und mit allen Sinnen erfahren absolut erwünscht.

Schatzkammer Erde

Im oberen Stockwerk des Kindermuseums können die Kreisläufe der Natur untersucht werden und viele Experimente gemacht wer-

den. Ob es darum geht, den Lebensraum Regenwald oder die Funktionen von Kleinstlebewesen im Boden zu verstehen: Neugierige Kinder sind hier bestens aufgehoben.

Neben einer Denkfabrik gibt es seit Ende 2021 noch eine Neuigkeit: das Höhluseum. Kleine Forscher werden in die Welt der Höhlen eingeladen und können sowohl an Mitmachstationen als auch an einer begehbaren Höhle lernen, wie wichtig diese für unser Ökosystem sind.

Sonderausstellungen
Regelmäßig stattfindende Sonderausstellungen runden das vielseitige Angebot des Kindermuseums ab:

Bei „1, 2, 3 … Küken aus dem Ei!“ können Küken beim Schlüpfen beobachtet und mit etwas Glück unter Anleitung vorsichtig gestreichelt werden. Im Sommer können Kinder im Garten des Museums bei „Honigsüß & Bienentanz“ mehr über Bienen lernen. Und wer schon immer wissen wollte, was wir zum Wohnen brauchen oder woraus ein Haus gebaut wird, sollte nach der Ausstellung „Bauen mit Köpfchen“ Ausschau halten. Wann welche Sonderausstellungen im Haus sind, kann man auf der Homepage nachlesen.

Highlight
Für uns waren der alte Kaufmannsladen, das Verkleiden und Angebote in der Backstube wie z. B. Seifen herstellen toll. Eine Vorführung, wie damals von Hand Wäsche gewaschen wurde, beeindruckte unsere Kinder aber auch sehr.

Tipp: Der Besuch des Museums mit Großeltern gibt v. a. bei den Stationen der Zeitreise einen besonderen Reiz, da vieles aus damaligen Zeiten noch erkannt wird.

3 Spielzeugmuseum Nürnberg

Bereits seit dem Mittelalter ist Nürnberg als Spielzeugstadt bekannt, da dort viele Firmen ansässig waren. Im Museum kann man seit 1971 Spielzeug der Antike bis in die Gegenwart sehen.

90403 Nürnberg, Karlstraße 13-15

Alter: ab ca. 5 Jahren, da sich das Museum durch Vitrinen und Ausstellungsstücke auszeichnet. V. a. wenn der Aktionsbereich und der Spielplatz nicht geöffnet haben, können jüngere Kinder nicht so viel Geduld aufbringen
Öffnungszeiten: Dienstag bis Freitag von 10-17 Uhr sowie Samstag und Sonntag von 10-18 Uhr; Für Öffnungszeiten an Feiertagen vorher auf der Homepage nachlesen
Eintrittspreise: Familienticket (2 Erwachsene und bis zu 3 Kinder): 15 Euro
Tickets: Tickets für das Spielzeugmuseum können vor Ort gekauft werden
Parken: Parkhaus Hauptmarkt, Augustinerstraße 4
ÖPNV: Straßenbahnlinie 4 (Haltestelle Hallertor) oder U-Bahn Linie 1 (Haltestelle Lorenzkirche)
Dauer des Besuchs: 1 bis 2 Stunden
Kinderwagen: die Mitnahme ist möglich, es sind auch Aufzüge vorhanden
museen.nuernberg.de/spielzeugmuseum

Geschichte des Spielzeugmuseums

Bereits in den 1920er-Jahren hatte das Sammlerehepaar Bayer mit dem Aufbau einer Spielzeugsammlung begonnen. Deren Tochter und Kunsthistorikerin Lydia Bayer stellte diesen Bestand, v. a. Puppen(-zubehör), Kaufläden und Blechspielzeug, erstmals in Würzburg aus, bevor die Sammlung von damals rund 12.000 Objekten an das heutige Spielzeugmuseum in Nürnberg überging.

Ausstellungen

Im Gebäude eines ehemaligen Patrizierhauses findet man heute über 80.000 Objekte auf 1.400 Quadratmetern Ausstellungsfläche. Während man bei Puppen nicht nur Steiff-, Porzellan- oder Kunststoffpuppen findet, sieht man hier auch nützliche Dinge für die Puppenküche wie einen Märklin-Elektroherd. Bei Metallbaukästen

stoßen Interessierte z. B. auf einen „Meccano Nr. 1“ oder bei den Modellbahnen auf Bing Lokomotiven oder Schuhmann Eisenbahnen. Ältere Besucher finden sicher das ein oder andere Schmuckstück, das ihnen aus ihrer eigenen Kindheit noch bekannt vorkommt.

In dem Bereich der Ausstellung, der die Jahre ab 1945 beheimatet, haben auch wir einiges wiedererkannt wie Barbie-Figuren, Playmobil oder Schuco-Spielzeug. Kinder haben an manchen Stellen die Möglichkeit zu malen, eine Maschine zu bedienen oder sich hinzusetzen. Vor allem der Aktionsbereich „Kids on Top“ im Dachgeschoss mit Kaufladen, Puppenhaus, Brettspielen und mehr ist für jüngere Kinder aufregend; Hier empfiehlt es sich vorab auf der Homepage nachzulesen, ob er geöffnet ist.

Highlight
Im Spielzeugmuseum sind viele top erhaltene Puppen, Modellbahnen und mehr ausgestellt, was vor allem für ältere Kinder und Erwachsene aufregender ist. Für kleine Kinder ist ein extra Aktionsbereich und ein Spielplatz außen vorgesehen, die aber nicht immer geöffnet haben.

Anlässlich seines 50. Geburtstags eröffnete das Museum 2021 ein neues Foyer und einen Auftaktraum im Erdgeschoss. Hier gibt es u. a. das Kabinett Lydia Bayer, das nicht nur die Sammlerin und ihre Tochter, die beide den gleichen Vornamen tragen, vorstellt, sondern auch einige Schätze präsentiert. Außerdem gibt es immer wieder Sonderausstellungen wie z. B. im Sommer 2024 zum Thema „Schätze in Schachteln“.

Tipp: Von April bis Oktober können sich Kinder auch im Museumsspielplatz im Hof austoben. Von Juli bis September kann man sich dort auch im Museumscafé stärken.

4 Museum Industrie-kultur Nürnberg

Im Museum Industriekultur wird einerseits die Technik- und Kulturgeschichte anhand sehr gut erhaltener Exponate und Vorführungen erklärt. Andererseits kommt auch die Sozialgeschichte der damals lebenden Menschen nicht zu kurz.

90491 Nürnberg, Äußere Sulzbacher Straße 62

Alter: ab dem Vorschulalter imposant; ab dem Grundschulalter sicherlich noch einprägender
Öffnungszeiten: Wie zu Beginn geschrieben, ist das Museum voraussichtlich ab 2026 wieder geöffnet – Bitte informiert euch online! Bisher: Dienstag bis Freitag von 9-17 Uhr sowie Samstag und Sonntag von 10-18 Uhr
Eintrittspreise: 2 Erwachsene und bis zu 3 Kinder kosten 12,50 Euro
Parken: Parkplätze sind direkt vor dem Eingang oder an der Äußeren Sulzbacher Straße
ÖPNV: Haltestelle „Tafelhalle" mit der Straßenbahn 8 Richtung Erlenstegen
Dauer des Besuchs: 2-3 Stunden inkl. Vorführungenn
Kinderwagen: die Mitnahme ist grundsätzlich möglich, es ist auch ein Aufzug vorhanden. Einige Räume sind aber nur über Treppen zu erreichen
https://museen.nuernberg.de/museum-industriekultur

Historie des Museums

Der Ort für das Museum ist nicht beliebig gewählt: Hier stand bis Mitte des 20. Jahrhunderts das Eisenwalzwerk Julius Tafel. Mitte der 1980er Jahre wurde die Schraubenfertigungshalle stilecht umgebaut zu dem Museum, das wir heute hier sehen.

Besondere Ausstellungsstücke

Zu Beginn sieht man ein Modell der ersten deutschen Eisenbahn, dem Adler, bevor man einen imposanten Blick auf die lange „Museumsstraße" hat. Links und rechts dieser Straße können Besucher eine Druckerwerkstatt, ein Dampfmaschinenhaus oder eine Gipsmühle des industriellen Zeitalters besichtigen. Ein Highlight ist die Tandem-Dampfmaschine, die man bei einer kurzen Demonstration erleben kann. Obwohl sie heutzutage aufgrund der sonst zu

Wichtig:
Das Museum Industriekultur hat bis voraussichtlich Anfang 2026 wegen Umbauarbeiten geschlossen. Uns hat es vor dem Umbau aber so beeindruckt, dass es hier nicht fehlen darf. Merkt es euch einfach für später!

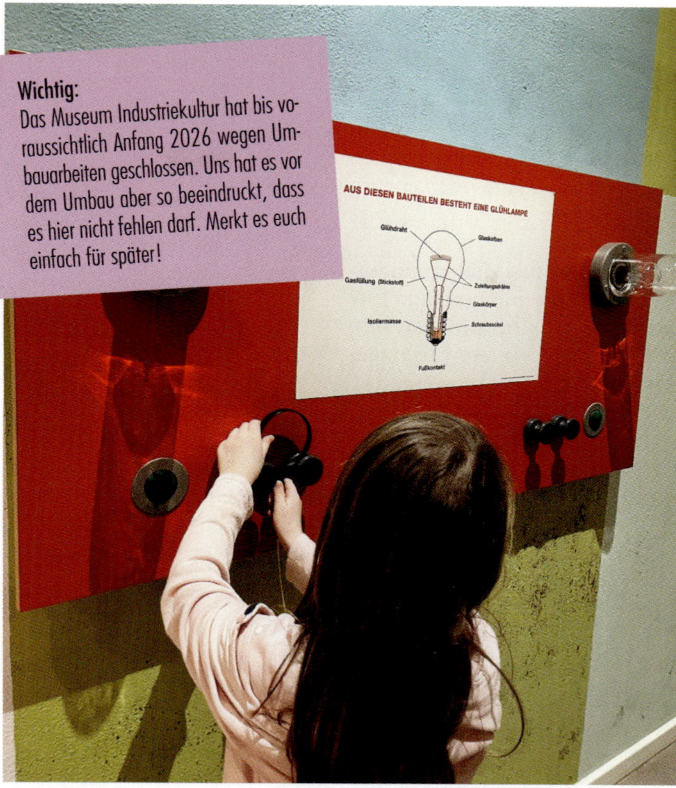

starken Vibrationen mit einem Elektromotor betrieben wird, ist die Vorführung dennoch sehr beeindruckend.

Weitere BesonderheitenI
Aber auch die „Sprechende Küche", welche sich dem Thema Technisierung und Elektrifizierung des Haushalts widmet, hat unseren Kindern sehr gefallen. Auf einer Drehbühne werden die Küchengeräte der Jahre 1900, 1930 und 1960 anhand verschiedener Effekte verglichen.

Der Fokus der gesamten Ausstellung liegt dabei auf dem Leben der

Menschen aller Gesellschaftsschichten und so sind auch Wohnungen, eine Zahnarztpraxis oder Friseursalon des frühen 20. Jahrhunderts nachgebaut. In einem Wirtshaus oder im historischen Klassenzimmer kann man ebenso Platz nehmen.

Außerdem ist das Museum Industriekultur für seine umfangreiche Sammlung von historischen Motorrädern und weiteren Fahrzeugen bekannt.

Highlight
Wir fanden das Museum Industriekultur bereits vor dem Umbau ein für Kinder unterschätztes Museum in Nürnberg. Die zahlreichen Objekte, Nachbildungen und interaktiven Möglichkeiten für Besucher sind einzigartig.

Tipp: Generationenübergreifend ein großartiges Erlebnis, die durch persönliche Erzählungen der Eltern, Großeltern oder anderen Begleitpersonen eine wahre Zeitreise sind.

5 Zukunftsmuseum – Deutsches Museum Nürnberg

Das Zukunftsmuseum richtet sich vor allem an ältere Kinder und Erwachsene und beantwortet Fragen wie z. B.: „Wie entwickelt sich die Technik?“, oder „Welche Herausforderungen gilt es zu meistern?“.

90403 Nürnberg, Augustinerhof 4

Alter: der Besuch ist für Kinder ab 12 Jahren empfohlen, jüngere Kinder können von dem Angebot nicht ausreichend profitieren
Öffnungszeiten: dienstags bis sonntags von 10-18 Uhr
Eintrittspreise: Erwachsene 9,50 Euro, ermäßigt: 6 Euro; Familienticket: 20 Euro
Parken: Parkhaus Augustinerhof oder Hauptmarktl
ÖPNV: Straßenbahnlinie 4 (Haltestelle Hallertor), U-Bahn Linie 1 (Haltestelle Lorenzkirche)
Dauer des Besuchs: 2 Stunden
Kinderwagen: kleinere Kinderwägen können bei mitgenommen werden, soweit keine Vollauslastung vorherrscht
www.deutsches-museum.de/nuernberg

Auf dem Gelände des alten Augustinerhofes in Nürnberg wurde im Herbst 2021 das Deutsche Museum Nürnberg eröffnet. Es wird auch „Zukunftsmuseum“ genannt, weil es sich mit entsprechenden Fragestellungen beschäftigt.

Installationen und Mitmachstationen sind in den modernen Räumlichkeiten in fünf verschiedenen Themenbereichen aufgeteilt. Denkanstöße für Zukunftsszenarien sind bei einem Besuch garantiert, daher ist auch der Besuch erst für etwas ältere Kinder sinnvoll, um sich den komplexeren Fragen zu stellen.

Die Themenbereiche im Detail

• Arbeit und Alltag: Die Entwicklungen in unserem täglichen Leben wie z.B. mithilfe von Robotern oder künstlicher Intelligenz werden betrachtet.

• Körper und Geist: Sind Technologien für Menschheitsträume wie „kein Altern“ oder „keine Krankheiten mehr“ umsetzbar?
• System Stadt: In diesem Bereich werden Megastädte und verschiedene Szenarien der Bevölkerung beleuchtet.
• System Erde: Wie entwickelt sich unser Planet und wie ist der Ausblick in die Zukunft.
• Raum und Zeit: Sind wir bereit für die letzte Grenze? Kann der Mars besiedelt werden? In diesem letzten Themenbereich geht es um diese und ähnliche Fragen.

Highlight
Dieses sehr moderne Museum punktet mit verschiedenen Themenbereichen, die den Spagat zwischen Gegenwart und Zukunft gut aufgreifen.

Am Wochenende kann man an „Highlight-Touren“ teilnehmen. Diese sind jedoch keine klassischen Führungen und geben Denkanstöße. Außerdem gibt es immer wieder Sonderausstellungen, wie z. B. 2024 zum Thema „METAVERSE: Phänomenal Digital“.

Tipp: Ein Ticketkauf empfiehlt sich vor allem für das Wochenende oder während der Ferien. Bei Ankunft auch gleich einen Zeitslot für die VR-Zeitreise sichern.

6 Turm der Sinne Nürnberg

Der Turm der Sinne versteht sich als „Erlebnisausstellung und Museum zum Anfassen“. In einem Turm kann man hier auf verschiedenen Stockwerken mehr über die eigenen Sinne erfahren.

90402 Nürnberg, Splittertormauer 17

Alter: ab dem Grundschulalter ideal, vorher noch nicht ganz selbsterklärend bzw. erfordert es viel Geduld
Öffnungszeiten: Samstag und Sonntag sowie an ausgewählten Feiertagen von 12-17 Uhr; in den bayerischen Ferien Donnerstag bis Sonntag von 11-17 Uhr
Eintrittspreise: Familienticket (2 Erwachsene und bis zu 2 Kinder): 25 Euro, Kinder unter 6 Jahren sind frei
Tickets: vorab online nachsehen, ob Einlass nur mit gebuchtem Online-Ticket möglich ist
Parken: Parkhaus Wöhrl
ÖPNV: U-Bahn Linie 1 (Haltestelle Weißer Turm) oder Straßenbahnlinie 4 und 6 (Haltestelle Obere Turnstraße)
Dauer des Besuchs: 1 Stunde
Kinderwagen: der Turm ist nicht kinderwagengeeignet
www.turmdersinne.de

Wer sich auf eine Reise mit all seinen Sinnen begeben möchte und durch spannende Stationen und Exponate die Wahrnehmung schärfen möchte, sollte sich zum turmdersinne aufmachen. Das Museum ist in einem Turm integriert, sodass sich jeder Stock auf übersichtlicher Größe einer Sinneswahrnehmung widmet.

Ein lustiges Highlight ist sicherlich gleich zu Beginn der „Ames-Raum“, durch dessen schiefe Wände eine optische Täuschung zustande kommt. Für Kinder und Erwachsene ist es ein großer Spaß, von einer Ecke zur anderen zu laufen und fotografisch festzuhalten.

Die Erlebnisausstellung beginnt mit dem Schmecken und Riechen und erklärt, warum wir auch über die Nase „schmecken“. Mit u. a.

einem rotierenden Gitterwürfel kann man anschließend die eigene Sehkraft stärken. Wo auf einem Klavier der höchste Ton ist, ist vielen noch klar, aber gibt es ihn auch auf einer ewigen Tonleiter? Auch diese Frage wird hier beantwortet. Ganz oben im Turm an-

gekommen, trainieren dann noch die Bereiche Wahrnehmung und Erkenntnis unseren Gleichgewichtssinn. Außerdem haben Besucher von hier oben einen wunderbaren Blick auf die Nürnberger Burg.

Tipp:
Für Zuhause, KiTas oder Schulen kann die „boxdersinne“ gekauft werden.

Highlight
Der Turm als Teil der ehemaligen Stadtmauer ist ein toller Ort für diese Erlebnisausstellung. Für etwas ältere Kinder lohnt ein Besuch, da Zusammenhänge schon besser klar werden.

7 Industriemuseum Lauf

Im Industriemuseum Lauf wird die Lebens- und Arbeitswelt des Industriezeitalters lebendig. In 14 denkmalgeschützten Räumen sind zahlreiche Informationstafeln, Objekte und Mitmachstationen beheimatet.

91207 Lauf an der Pegnitz, Sichartstraße 5-25

Alter: ab dem Vorschulalter gibt es sehr viel zu erleben, anfassen und staunen
Öffnungszeiten: Ende März bis Anfang Januar mittwochs bis sonntags von 11-17 Uhr geöffnet
Eintrittspreise: Familienkarte: 8-12 Euro (je nach Anzahl), Erwachsene: 6 Euro, Kinder: 2,50 Euro
Parken: Parkplatz Nürnberger Straße
ÖPNV: Regionalbahn (Bahnhof Lauf rechts der Pegnitz) oder S-Bahn (Bahnhof Lauf links der Pegnitz)
Dauer des Besuchs: 2 Stunden
Kinderwagen: durch den Denkmalschutz sind nicht alle Wege durchgehend barrierefrei
www.industriemuseum-lauf.de

Direkt an der Pegnitz gelegen, bezeichnet sich dieses 4.000 m² große Areal zu Recht als familienfreundliches Museum. Während man sich durch die verschiedenen Gebäude bewegt, fühlt man sich direkt viele Jahre in die Zeit zurückversetzt. Besonders für die Kinder ein Highlight: In grün hervorgehobenen Bereichen darf experimentiert, ausprobiert oder gespielt werden. Diese Stationen, die sich z.B. im Körner'schen Haus oder der Dreherei finden, sind Teil des EU-geförderten Projekts „Mitmachen im Industriemuseum".

Unterteilung des Museums

Im ersten Bereich „Frühindustrie und E-Werk" steht eine große Roggenmühle und lernt, welchen Bezug diese zur Stadt Lauf hat. Kinder haben zahlreiche interaktive Möglichkeiten, sodass für die Eltern Zeit bleibt, sich die spannenden Informationen durchzulesen.

Das erste entstandene Elektrizitätswerk in Lauf an der Pegnitz wird

im „Hammerwerk“ näher betrachtet. Hier findet man u.a. einen Energiewandler, bei dem man mithilfe von Kabeln einen Zug in Bewegung setzt.

Was die Jahre in der „Hochindustrie“ geprägt hat, wird im gleichnamigen Gebäude deutlich. Haltet Ausschau nach der Ventilfabrik mit Spindelpressen oder staunt über die Tandem-Dampfmaschine. Hier gibt es auch immer wieder Vorführungen, um die Maschine in Betrieb zu sehen und mehr über die Historie zu erfahren. Im Nebenraum kann man dann ein Schwungrad betätigen oder sich in einen Fahrsimulator setzen.

Wie das Leben in der Zeit der Industrialisierung war, sieht man im „Handwerk und Gewerbe“. Es sind Geschäfte wie eine Schusterwerkstatt, Flaschnerei, Friseur oder Hutmacher aufgebaut. Die Räume einer Wohnung aus den 1950er Jahren, die komplett mit zahlreichen Exponaten und elektrischen Geräten eingerichtet ist, sorgten für große Begeisterung bei den Kindern und man erkannte sogar manches aus den Erzählungen der Großeltern.

Das Thema „Museum bewegt" wird auch 2025 fortgesetzt. Ergänzend zu einem Besuch werden auch Führungen, wie z.B. für Familien, mit anschließendem Basteln oder zu bestimmten Themengebieten angeboten. Hier lohnt sich ein Blick auf die Webseite, da manches nur nach vorheriger Vereinbarung oder bei bestimmten Events stattfindet.

Highlight
Schon beim Betreten der denkmalgeschützten Räume ist man in eine andere Zeit versetzt. Die Mischung aus Informationstafeln, interaktiven Stationen und beeindruckenden Nachbildungen haben uns überzeugt.

Tipps:

• Es gibt immer wieder Sonderveranstaltungen. Wir hatten das Museum im Rahmen der „Laufer Dampfmodelltage" Ende November besucht, wo alle Bereiche geöffnet waren.

• Außen gibt es einen kleinen Wasserspielplatz. Im Eingangsgebäude gibt es eine gemütliche Café-Ecke mit Heißgetränken und einem Gratis-Wasserspender. Sitzmöglichkeiten für den Verzehr – auch von mitgebrachten Speisen und Getränken – gibt es innen und außen.

8 Römische Thermen und RömerMuseum Weißenburg

Bei diesem Ausflugstipp handelt es sich um eine Kombination von zwei Museen und einer historischen Wanderung im Stadtkern von Weißenburg. Bei einem Tagesausflug können sowohl die Römischen Thermen, das Kastell als auch das Römer-Museum besichtigt werden.

91781 Weißenburg i. Bay., Am Römerbad 17a

Alter: ab dem Grundschulalter
Öffnungszeiten: Mitte März bis Mitte November: Dienstag bis Sonntag von 10-17 Uhr geöffnet
Eintrittspreise: Familienkarte für beide Museen (gültig für 1 Monat): 19 Euro
Anfahrt und Parken: direkt vor den Römischen Thermen oder z.B. im Parkhaus Doerfler-Villa, Schulhausstraße 8
ÖPNV: die Regionalbahn fährt in knapp 40 Minuten von Nürnberg Hauptbahnhof direkt nach Weißenburg
Dauer des Besuchs: 2 Stunden
Kinderwagen: die Mitnahme ist möglich, in den Römischen Thermen könnte es etwas eng werden
https://museen-weissenburg.de

Interessierte Kinder und Erwachsene werden viel Spaß bei diesem Ausflug nach Weißenburg haben. Wenn man die Römischen Thermen betritt, fühlt man sich der Antike ganz nah. Fans von Asterix & Obelix kommen hier ganz auf ihre Kosten, aber auch für „Besucher auf der Durchreise" sind die Nachbildungen sehr imposant.

Römische Thermen
Es handelt sich um eine der am besten erhaltenen und bedeutenden Thermenanlagen in Süddeutschland. Die Überreste des Gebäudes sind gut geschützt unter einer Zeltdachkonstruktion mit begehbaren Stegen nachgebaut und werden auf einem kurzweiligen Rundgang durch Informationstafeln gestützt. Moderne Ergänzungen und ein grafisches Leitsystem bringen die Antike auch den kleinen Zuschauern nahe.

Kastell Weißenburg

Nach einem Besuch in den Römischen Thermen können sich Kinder noch am Spielplatz vor dem Eingang austoben, bevor ihr euch auf einen ca. 1 km langen Weg geradewegs in die Altstadt macht. Bei der Hälfte des Weges kommt man auf einen großen Platz, auf dem man das Kastell Weißenburg oder „Birciana“, wie es früher hieß, sieht. Der ehemalige römische Truppenstandort mit rekonstruiertem Nordtor und teils unterirdisch konservativen Bauresten ist für Kinder und Erwachsene ein weitläufiger und spannender Ort.

Highlight
Die Verbindung von ehemaliger Therme, Museum und kleiner Wanderung in Weißenburg ist eine schöne Zeitreise.

RömerMuseum
Wenn ihr euch weiter in die Innenstadt begebt, kommt ihr zum Zweigmuseum der archäologischen Staatssammlung, dem Römer-Museum. Nach einer Neukonzeption wurde dieses Museum 2017 wieder eröffnet. Heute finden sich hier mehr als 100 Objekte, darunter Götterfiguren aus Bronze. Im Erdgeschoss dürfen ein Kettenhemd oder Römerhelm anprobiert werden.

Tipp: direkt an der B2 Richtung Nürnberg gelegen gibt es bei Pleinfeld eine Sommerrodelbahn mit Spielplatz und Trampolinen. Auch der Brombachsee ist nicht weit und lässt sich für einen Tagesausflug integrieren.

9 Fränkisches Freilandmuseum Bad Windsheim

Im Freilandmuseum Bad Windsheim kann man 700 Jahre fränkische Alltagsgeschichte erleben.

91438 Bad Windsheim, Eisweiherweg 1

Öffnungszeiten: von März bis Oktober von 9-18 Uhr, im November von 10.30-16 Uhr geöffnet
Eintrittspreise: 9 Euro Erwachsene, Kinder unter 6 Jahren frei; Familienkarte (2 Erwachsene mit Kindern): 21 Euro
Tickets: vor Ort erhältlich
Anfahrt und Parken: über Südwesttangente bis Ausfahrt Langenzenn oder über A7 Ausfahrt Bad Windsheim; Adresse für Navi: Bernhard-Bickert-Weg; kostenfreie Parkplätze für PKW
Dauer des Besuchs: 3 Stunden
Kinderwagen: die Mitnahme eines Kinderwagens ist für jüngere Kinder aufgrund der weiten Wege empfehlenswert; Vor Ort können für 3 Euro auch Bollerwägen geliehen werden
www.freilandmuseum.de

Auf dem weitläufigen Areal stehen insgesamt 125 Gebäude, Bauernhöfe, Mühlen, Scheunen und weitere Häuser, die nach Regionen und Themen gruppiert sind und nicht nur erwachsene Besucher faszinieren. Neben Häusern warten auch Wiesen, Obstbäume und einige Tiere, wie z. B. Schafe, Pferde und Schweine auf die Besucher.

Bereits kurz nach dem Eingang fühlt man sich wie in eine andere Zeit versetzt und kann sich auf eine Entdeckungsreise durch die fränkische Geschichte begeben. Die Mitnahme eines Lageplans ist hilfreich, damit man zwischen den Wiesen nicht den Überblick verliert und die einzelnen Baugruppen findet. Erwähnenswert sind die Baugruppen „Mittelalter“ mit einem archäologischen Gehöft oder auch „Technik und Gewerbe“, wo eine Ziegelei und ein Steinbruch stehen. Alle Baugruppen sind jeweils einem Dorf nachempfunden, was den Besuch sehr reizvoll macht. Dem 20. Jahrhundert ist sogar eine eigene Baugruppe gewidmet und zeigt u. a. eine Schule und ein Stahlhaus.

Ob beim Pumpen von Wasser aus einem Brunnen oder beim Entdecken, wie früher ein Ofen ausgesehen hat oder warum Betten früher relativ klein waren: Alles können Kinder und Erwachsene aus nächster Nähe betrachten. Besonders spannend fanden wir die sehr gut erhaltene Mühle. Mit etwas Glück kann man auch in eine frischgebackene Scheibe Brot aus dem Backhaus beißen.

Wer in Mittelfranken aufgewachsen ist, erkennt vielleicht sogar einige der historischen Gebäude und Häuser, die über die Jahre in Bad Windsheim hinzukamen. 2022 wurde das spätmittelalterliche Badhaus aus Wendelstein eröffnet, eines der ersten Badhäuser in einem Freilandmuseum mit fast komplett erhaltener Badstube. Ab Ende 2025 wird ein KulturBauhof fertiggestellt, wo man Handwerkern bei ihrer Arbeit über die Schulter schauen kann.

Auf einem Erlebnisplatz dürfen Kinder übrigens so spielen, wie es vor einigen Jahrzenten noch üblich war. Hinter einer Scheune und umgeben von Obstwiesen sind der Phantasie keine Grenzen gesetzt und Kinder können vorhandenes Spielmaterial wie Hölzer, eine Scheune oder einen Traktor nutzen. Im Sommer lädt der Bachlauf zu einer Erfrischung ein

Tipps:
• Stärken kann man sich in einem von vier historischen Wirtshäusern; am „Sommerkeller Weinbergshof" steht eine Natur-Kegelbahn.
• Wechselnde Sonderausstellungen, Handwerkervorführungen und Themenwochen bieten viel Abwechslung.
• Nach vorheriger Anmeldung und gegen geringe Gebühr werden für Kinder zweistündige Themenführungen mit Mitmachprogramm angeboten, z. B. zu den Themen Getreideverarbeitung, Kindheit auf dem Land oder Bäuerliches Leben im Mittelalter.

Burgen und Burgruinen

1 Kaiserburg Nürnberg

Bei einem Besuch der Nürnberger Altstadt darf das Wahrzeichens der Stadt natürlich nicht fehlen. Der Weg zur Burganlage ist dabei mindestens genau so beeindruckend wie der Ausblick oder ein Besuch der Ausstellung.

90403 Nürnberg, Auf der Burg 17

Alter: ab dem Vorschulalter
Öffnungszeiten: April bis September von 9-18 Uhr, Oktober bis März von 10-16 Uhr
Eintrittspreise: Gesamtkarte „Kaiserburg“: 9 Euro; Kinder bis 18 Jahre freier Eintritt
Parken: sonntags in den umliegenden Straßen neben dem „Vestnertorgraben“ (die werktags Anwohnerparkplätze sind); Parkhäuser in der Innenstadt
ÖPNV: Straßenbahnlinie 4 (Tiergärtnertor), U-Bahn Linie 1 (Haltestelle Lorenzkirche)
Dauer des Besuchs: 1 Stunde
Kinderwagen: wegen einiger Treppen nicht machbar
www.kaiserburg-nuernberg.de

Historie der Nürnberger Burg

Die Burg war während des Mittelalters eine der bedeutendsten Kaiserpfalzen des Heiligen Römischen Reiches fungierte. Sie war nicht nur ein sicherer Stützpunkt mit repräsentativen Gebäuden des Reichsoberhauptes, sondern auch Zentrum europäischer Geschichte.

Heute hat man von der Freiung aus einen fantastischen Blick auf das Handwerkerviertel, die Altstadt und den südlichen Teil Nürnbergs. Man kann im Burggarten entspannen, im Westen kann man auf der Stadtmauer Richtung Neutorbastion laufen oder rund um das Tiergärtnertor in einem der zahlreichen Restaurants und Cafés verweilen.

Die Nürnberger Burg ist eine Doppelburg und besteht aus der Kaiserburg und der Burggrafenburg, wobei letztere die Kaiserstallung und den Fünfeckturm umfasst. Über die Freiung oder den Weg an der Himmelsstallung vorbei gelangt man in den Vorhof mit dem Tiefen Brunnen und dem Sinnwellturm, die man beide je nach aktueller Lage auch besichtigen kann. Um den Palas, die Doppelkapelle und die Kemenate zu sehen, sind Tickets notwendig.

Ausstellung „Kaiser – Reich – Stadt“

Ein Besuch der Dauerausstellung lohnt vor allem mit älteren Kindern oder um in die Historie der Burggeschichte noch tiefer einzutauchen. Beeindruckend ist die um 1200 errichtete

Doppelkapelle, die nicht nur zwei übereinander liegende, grundrissgleiche Kapellen, sondern auch eine Herrscherempore für das Reichsoberhaupt umfasst.

Im weiteren Verlauf lernt man an Schaukästen, Infotafeln und Ausstellungsstücken mehr über die Funktionsweise des Heiligen Römischen Reichs, z. B. anhand von Leihgaben und Inszenierungen.

Highlight
Ob bei einem Besuch der imposanten Gebäude und der Dauerausstellung oder zumindest einem Spaziergang zur und durch die Burganlage – das Wahrzeichen Nürnbergs sollte man gesehen haben.

Tipp: Der Vorhof und das Innere Burgtor sind zu den Öffnungszeiten auch ohne Ticket zugänglich.

2 Burg Cadolzburg

Für einen Besuch mit Kindern hat die Burg westlich von Nürnberg einiges zu bieten – angefangen vom herrlichen Burggarten bis hin zum Erlebnismuseum.

90556 Cadolzburg, Burg Cadolzburg

Alter: ab dem Kindergartenalter
Öffnungszeiten: April bis September von 9-18 Uhr, Oktober bis März von 10-16 Uhr, montags geschlossen
Eintrittspreise: 7 Euro Erwachsene, Kinder bis 18 Jahre sind kostenfrei; 12 Euro für Kombiticket Cadolzburg / Kaiserburg Nürnberg
Tickets: Tickets sind vor Ort erhältlich
Parken: Anfahrt über die A73, Ausfahrt Cadolzburg; Parkplatz in der Haffnersgartenstraße oder „Am Höhbuck"; direkt an der Burg gibt es keine Besucherparkplätze
ÖPNV: mit der Rangaubahn über den Bahnhof Fürth; ab dort ca. 20 Minuten Fußweg zur Burg
Dauer des Besuchs: 2 Stunden
Kinderwagen: die Ausstellungsräume sind weitgehend barrierefrei zugänglich
www.burg-cadolzburg.de

Historie der Burg Cadolzburg
Besucht man den schönen Markt Cadolzburg im Landkreis Fürth, fällt einem auch sehr schnell das imposante Burggelände ins Auge. Bereits 1157 wurde die Burg erstmals urkundlich erwähnt, diente im 13. Jahrhundert als eine der wichtigsten Residenzen der Hohenzoller und bildete bis ins 15. Jahrhundert das Zentrum ihrer Herrschaft in Franken.

Am Ende des Zweiten Weltkrieges fielen große Teile der Burg einem Brand zum Opfer. Wie der Bau, die Zerstörung der Anlage und ihr Wiederaufbau abliefen, thematisiert das Burgerlebnismuseum.

„HerrschaftsZeiten! Erlebnis Cadolzburg"
Bei einem Besuch im Museum kann man anhand vieler Stationen die Geschichte der Burg nachempfinden. 2017 eröffnet, schließt

es damit den 2005 begonnenen Ausbau des Alten Schlosses zum Museum ab.

Los geht es bei einem Tastmodell der Burganlage und einem Einführungscomic. Anschließend können Besucher die Bedeutung von Lebensmittellagerung und den Aufbau einer Hofküche genauer betrachten. Der zentrale Raum der Ausstellung ist dann dem Aufstieg der Hohenzoller im Mittelalter und der Verzweigung der Familie in den folgenden Jahrhunderten gewidmet.

Neben Schaukästen und Informationstafeln finden vor allem jüngere Gäste Freude an interaktiven Medienstationen, an denen man sich z. B. als Bauforscher erproben oder eine Belagerungsszene mit virtuellen Kanonenschüssen nachstellen kann.

Ob im Wehrgang, der ehemaligen kurfürstlichen Kapelle oder dem Erkersaal: Die 1.500 Quadratmeter Ausstellungsfläche lassen so schnell keine Langeweile aufkommen und bieten eine wirklich unterhaltsame Begegnung mit dem Mittelalter.

Zum Abschluss des Rundgangs tritt man über viele Stufen hinab ins Neue Schloss, das die Schäden des Brandes 1945 darstellt und dieses Kapitel anhand einer Medieninstallation beleuchtet.

Tipps: Auf der Homepage gibt es eine extra Kinder- und Jugendseite mit einem digitalen Kurfürsten-Spiel oder Bastelbögen zum Einstimmen auf den Besuch.

Highlight
Neben klassischen Elementen einer Ausstellung überzeugen hier auch moderne Medienstationen genutzt: eine perfekte Kombination für den Besuch mit Kindern auf dieser malerischen Burg mit farbenprächtigem Burggarten im Sommer.

3 Burg Abenberg

Mit einem interaktiven Museum, beeindruckendem Mauerwerk und einem neuen Rundweg „Von der Burg zur Stadt" ist die Burg Abenberg ein vielseitiges Ausflugsziel.

91183 Abenberg, Burgstraße 16

Alter: ab dem Kindergartenalter
Öffnungszeiten: März bis Oktober: Dienstag bis Sonntag von 11-17 Uhr geöffnet; November bis Februar: Donnerstag bis Sonntag von 11-17 Uhr
Eintrittspreise: Familien: 10 Euro, Erwachsene 5 Euro, Kinder ab 6 Jahren: 2,50 Euro, Kinder unter 6 Jahren: kostenlos
Parken: Es gibt einen Parkplatz direkt unterhalb der Burg, ansonsten umliegend im Ort
ÖPNV: mit der S-Bahn S2 Richtung Roth, dann mit dem Bus 605 Richtung Abenberg
Dauer des Besuchs: 2 Stunden
Kinderwagen: Die Burg und der Rundweg sind nicht komplett barrierefrei
www.burg-abenberg.de

Die Burg Abenberg war um 1200 im Besitz der hohenzollerischen Burggrafen von Nürnberg. Danach diente sie lange Zeit als Verwaltungssitz für die Fürstbischöfe von Eichstätt. Heute thront sie auf einem Bergrücken der Stadt Abenberg. Sie ist sehr gut erhalten und besteht aus mehreren Gebäuden, einer Ringmauer und einem Turnierplatz. Dieser war früher Ort für prächtige Ritterturniere und wurde auch in „Parzival" erwähnt – heute ist es Veranstaltungsstätte für Konzerte und andere Events.

Burgmuseum
Seit März 2024 kann man das Burgmuseum und seine Ausstellung „1000 Jahre Burgträume" auf eine sehr spannende Art entdecken. An der Kasse erhält man einen eigenen Schüssel, mit dem man nicht nur Türen öffnen, sondern auch Interaktionen starten kann, die für Besucher bereitstehen. Während Besucher die Historie und Bedeutung der Burg für die Region und Welt nachlesen und -erle-

ben können, warten immer wieder neue Geheimnisse. Kinder dürfen auch ein Kettenhemd, Schwert und Schild anlegen.

Klöppelmuseum
Wer in die Geheimnisse der Spitzenherstellung eintauchen möchte, kann zudem das Klöppelmuseum besuchen, wo sich Exponate aus Klöppelspitze befinden. Sonntags zeigen Klöpplerinnen von 14 bis 16 Uhr ihre Kunst.

Rundweg „Von der Burg zur Stadt"
Und weil es rund um eine Burg immer viele spannende Orte zu

entdecken gibt, führt ein neuer Rundweg von der Burgkapelle über einen Steinbruch zum oberen und unteren Tor. An 15 Stationen sieht man nicht nur die historischen Orte, sondern kann beim Steinbruch z. B. auch selbst Hand anlegen.

Highlight
Die Burg Abenberg schafft es für kleine Burgherren und Prinzessinnen, eine besondere Atmosphäre zu schaffen.

Tipp: Der Rundgang „Von der Burg zur Stadt“ findet jeden ersten Sonntag im Monat statt. Oft gibt es am Wochenende Aktionstage und besondere Erlebnisse: Ein Blick auf die Webseite lohnt sich!

4 Burg Hilpoltstein

Auf einem Sandsteinfelsen erbaut, war die Burg Hilpoltstein einst eine der bedeutendsten Reichsburgen Mittelfrankens. Die Burgruine kann man heute noch besichtigen und mit einer Wanderung verbinden.

91161 Hilpoltstein, Maria-Dorothea-Straße 7

Alter: ab dem Kindergartenalter
Öffnungszeiten: von April bis Oktober kann man die Burgruine (ohne Bergfried) täglich von 10:30-17 Uhr besuchen
Eintrittspreise: kostenlos
Parken: rund um den Stadtkern oder am Stadtweiher
ÖPNV: mit der S-Bahn 5 Richtung Allersberg (Rothsee), dann mit dem Bus nach Hilpoltstein
Dauer des Besuchs inkl. Familien-Erlebnispfad: 2,5 Stunden
Kinderwagen: das Burggelände ist nicht komplett barrierefrei, aber nicht so groß, sodass man den Kinderwagen stehen lassen kann
www.hilpoltstein.de/burg

Die interessante Geschichte der Schutzburg, die bis ins Jahr 1100 zurückgeht, kann man auf vielen Informationstafeln vor Ort nachlesen. Der Landkreis Roth investierte viel Zeit und Geld in die archäologische Untersuchung und Sanierung, die seit 1970 wieder im Besitz des Landkreises ist. Aber auch durch ehrenamtliche Leistung wurde einiges wie z. B. der Burganger aufwendig saniert.

Bei einem Stadtmauerrundgang sieht man die innere und äußere Vorburg, welche die Kernburg schützen sollten. Durch ein Tor gelangt man zum außergewöhnlichen Zugang der Kernburg: Nach einer Zugbrücke folgte hier erst noch ein Graben, bevor man dann zu einem weiteren Tor kam. Heute sieht man von dem Wohnbau nur noch die Grundmauern, doch anhand der Informationstafeln und Nachbildungen kann man sich die Räume noch gut vorstellen.

Lohnend ist es, im Sommer an einer Burgführung teilzunehmen, die an bestimmten Tagen oder nach vorheriger Anfrage stattfindet. Dann darf auch der Bergfried besichtigt werden, der bei gutem Wetter einen großartigen Weitblick bietet. Zudem bietet das Burggelände eine außergewöhnliche Kulisse für Theateraufführungen, Konzerte oder auch ein Mittelalterfest.

Highlight
Die Burg Hilpoltstein ist in Kombination mit dem neuen Erlebniswanderweg durch Hilpoltstein ein spannendes Ausflugsziel.

5 Burg Burgthann

Südöstlich von Nürnberg thront die Burgthann im gleichnamigen Ort. Vor allem in Kombination mit einer Besichtigung des Museums, einer Führung oder einer Veranstaltung ein lohnender Besuch.

90559 Burgthann, Burgstraße 1

Alter: ab dem Kindergartenalter
Öffnungszeiten: April bis Oktober: jeden 1. und 3. Sonntag im Monat geöffnet. Von November bis März jeden 1. Sonntag im Monat geöffnet
Eintrittspreise: der Eintritt ist frei. Am Eingang wird um eine Spende gebeten
Parken: Parkplatz an der Bergstraße
ÖPNV: mit der S-Bahn S1 Richtung Neumarkt, dann ein kurzer Fußweg
Dauer des Besuchs inkl. Rundweg: 30 Minuten
Kinderwagen: die Burg und der Rundweg sind nicht komplett barrierefrei
www.museum-burgthann.de

Bereits im 12. Jahrhundert wurde die Burg erbaut und erinnert heute noch mit dem Bergfried, Brunnen, hohen Mauern und Burghof an die erste Anlage. Da die Burg sowohl im Bayerischen Krieg als auch erneut im 30-Jährigen Krieg zerstört wurde, ist die nun gut erhaltene Burganlage sehenswert.

Unter dem Motto „Vergangenheit erleben“ kann man sich im Museum auf eine Zeitreise durch die Burgthanner Geschichte begeben. Los geht es vor über 200 Millionen Jahren, über die Bronzezeit, das Mittelalter und Geschichte des Ludwig-Donau-Main-Kanals. Die Ausstellung widmet sich

vorrangig dem Leben und der Arbeiten der Menschen vor rund 100 Jahren.

Außerdem kann man noch den Burghof erkunden und auf den Burgmauern laufen. Den 35 Meter hohen Bergfried und das Museum kann man nur während der Öffnungszeiten sehen.

Tipp: Für Kinder von 8 bis 12 Jahren kann die Rallye „Befreit den Eppelein“ gebucht werden. Wer schon auf der Burg Nürnberg war und die Geschichte des Ritters Eppelein kennt, wird sich hierüber freuen.

Highlight
In Kombination mit einem weiteren Ausflugsziel und vor allem an einem Sonntag ist die Burgthann einen Besuch wert.

Leseprobe aus „Mit Kindern in Oberfranken und der Oberpfalz“

Wir hatten in den letzten Jahren das Glück, unzählige Ausflugstipps rund um Nürnberg zu erkunden. Da wir immer öfter auch am Rande von Mittelfranken unterwegs waren, habe ich mich entschieden, ein zweites Buch zu veröffentlichen, das die schönsten Ziele in Oberfranken und der Oberpfalz abdeckt. Dieses Buch wird 2025 erscheinen und kann als Ergänzung zu diesem Buch dienen, z. B. auch für einen längeren Tagesausflug.

Hier möchte ich euch schon mal ausgewählte Highlights aus den Regionen vorstellen:

Oberfranken

1. Wanderung Schaukelweg Vestenbergsgreuth
Das Motto „Schaukeln und Entspannen für die ganze Familie“ ist bei dieser 2 km langen Wanderung im Landkreis Erlangen-Höchstadt perfekt vereint. Der Weg fühlt sich wie ein großer Spielplatz an und führt außerdem an Rehen und einem Bauernhof vorbei. Für noch mehr Spaß kann man nach der Wanderung bei einer Sommerrodelbahn einkehren oder im Sommer das Maislabyrinth erkunden.

2. Spielplatz Röhrensee Bayreuth
Dieser Spielplatz in Bayreuth bietet eine Vielzahl an Spielgeräten, wie Klettertürme, Rutschen, Schaukeln und einen großen Sand-

kasten. Im Sommer lädt ein Wasserspielplatz zum Planschen und Abkühlen ein. Neben den klassischen Spielgeräten gibt es auch Fitnessgeräte für Erwachsene. Der Spielplatz ist in den Tierpark Röhrensee integriert, bei dem man Tiere aus verschiedenen Kontinenten sehen kann.

3. Wildpark Hundshaupten

Der großzügige Wildpark in der Fränkischen Schweiz ist bei vielen Familien bekannt und wunderschön in die Umgebung eingebettet. Viele Tiere warten auf verschiedenen Rundwegen zwischen 1,3 und 2,7 km Länge auf die Besucher. Es lohnt sich, den Besuch mit einer Wanderung oder Freizeiteinrichtung in der umliegenden Nähe zu verbinden.

4. Erlebnispark Schloss Thurn

Der Freizeitpark in der Nähe von Erlangen liegt in einem Schlosspark mit altem Baumbestand und wurde seit vielen Jahren stetig erweitert. Für Kinder ab 3 Jahren bzw. einer Mindestgröße von 1,05 m gibt es im Erlebnispark viele Attraktionen zu entdecken. Der Tier- und Naturpark ergänzt einen Besuch perfekt.

Oberpfalz

1. Walderlebnispfad Velburg

Auf einer Gesamtlänge von 4,6 km macht der Walderlebnispfad seinen Namen aller Ehre: 20 gut erhaltene Stationen klären spielerisch und informativ über die Themen Wald und Zeit auf. Kinder können sich beim Wettlauf mit Waldtieren messen, das Alter von Bäumen schätzen oder auf dem Barfußpfad wandern. Den Besuch kann man auch mit einem Besuch der Erlebniswelt Velburg verbinden, wo man ab 3 Jahren klettern oder eine Tropfsteinhöhle besuchen kann.

2. Waldspielplatz Neumarkt

Der Spielplatz liegt in einer malerischen Lage, umgeben von Kiefern und Eichen am Ortsrand in Neumarkt. Die Holzkletterkombination lässt Kinderherzen höherschlagen und lädt zum Klettern, Balancieren und Rutschen ein. Die Höhepunkte für uns waren eine Nestschaukel, die so befestigt ist, dass sie sich in verschiedene Richtungen bewegen lässt, sowie die Seilrutsche und das große Kletterelement. Aber auch für jüngere Geschwisterkinder seien die Babyschaukel und Häuschen nicht unerwähnt.

3. Wild- und Freizeitpark Höllohe

Rund um einen großen Weiher wurde der weitläufige, aber auch übersichtliche Park in Teublitz angelegt. Man findet fast 200 Tiere wie Rot- und Damwild, Esel, Ponys, Störche, Wildschweine oder Ziegen. Neben einem Waldlehrpfad begeistert vorwiegend der großzügig angelegte Waldspielplatz mit vielen Geräten, Rutschen und Schaukeln. Für einen Tagesausflug lohnt sich außerdem der Besuch der nahegelegenen Seenlandschaft und der Erlebnisholzkugel in Steinberg.

4. Freizeitpark Bayernpark

Der Freizeitpark in der Nähe von Dingolfing war für unsere Kinder mit einer Körpergröße zwischen 120 cm und 135 cm sehr lohnend. Es gibt zahlreiche Attraktionen wie verschiedene Achterbahnen, ein Kettenkarussell, Wasserbahnen, Rutschen und gemäßigte Angebote. Ein Naturerlebnispfad, Wasserspielplatz und Tiere runden den Besuch ab. Überzeugt haben uns auch die sauberen und gut ausgeschilderten Wege und gute Gastronomie und Freundlichkeit.

Register

N

O

P

R

S

T

V

W

Z

2. erweiterte und komplett überarbeitete Auflage 2025

Texte: Jeannie Asbach
Fotos: S. 29 Kultur- und Touristinformation Pleinfeld; S. 232–S. 239 © Bayerische Schlösserverwaltung (Fotos: Jeannie Asbach); alle anderen Fotos: Jeannie Asbach
Geobasisdaten Tourenkarten: © Bayerische Vermessungsverwaltung 2025, Bundesamt für Kartographie und Geodäsie (BayernAtlas)
Illustrationen: Klaus Borowietz
Datenquelle Übersichtskarte Umschlagseite: Bayerische Vermessungsverwaltung – www.geodaten.bayern.de, DTK500, CC BY 3.0 DE
Tourenkarten: ProduktionsAtelier Bamberg
Satz und Layout: Heinrichs-Verlag gGmbH, Bamberg
Druck und Bindung: Aktiv Druck & Verlag GmbH, Ebelsbach
ISBN: 978-3-89889-239-1
Printed in Germany